体育游戏

全民健身项目指导用书

徐兰英 ◎ 主编

吉林出版集团股份有限公司　全国百佳图书出版单位

图书在版编目（CIP）数据

体育游戏 / 徐兰英主编. -- 2 版. -- 长春：吉林出版集团股份有限公司，2010.2（2024.8 重印）
全民健身项目指导用书
ISBN 978-7-5463-2360-2

Ⅰ. ①体… Ⅱ. ①徐… Ⅲ. ①体育–游戏–基本知识 Ⅳ. ①G898.1

中国版本图书馆 CIP 数据核字(2010)第 028408 号

全民健身项目指导用书

体育游戏
TIYU YOUXI

主　　编	徐兰英	
责任编辑	李　娇	
封面设计	吕宜昌	
开　　本	650mm×960mm　1/16	
印　　张	8	
字　　数	60 千	
版　　次	2010 年 2 月第 2 版	
印　　次	2024 年 8 月第 4 次印刷	
出版发行	吉林出版集团股份有限公司	
地　　址	吉林省长春市福祉大路 5788 号	
邮　　编	130000	
电　　话	0431-81629968	
电子邮箱	11915286@qq.com	
印　　刷	三河市金兆印刷装订有限公司	
书　　号	ISBN 978-7-5463-2360-2　定　价　39.80 元	

版权所有　翻印必究
如有印装质量问题，请寄本社退换

自1995年我国政府推出《全民健身计划纲要》以来,我国群众性体育活动蓬勃发展,取得了显著的成绩。2008年,举世瞩目的北京奥运会的成功举办,极大地激发了亿万人民群众的体育热情,增强了全社会的体育意识,营造了浓厚的全民健身氛围。面对这样的可喜局面,群众体育科研、教学工作者应义不容辞地为社会实践服务,从不同角度思考,如何使普通百姓通过简而易行的身体锻炼方式、方法和手段达到良好的健身效果,达到拥有健康的目标,从而享受生活、享受快乐人生。该书系就是在这样的思想指导下诞生的。

本书系能够顺应国家体育的大政方针,掌握时代脉搏,对指导大众健身,使大众掌握健身方法和手段有很好的促进作用。

本书系图文并茂,实用性强,分为球类运动、体操健身运动、传统武术、冰雪运动、水上运动、体育舞蹈、休闲运动、格斗运动、民间体育活动和极限运动等十大类项目,计100分册,按照统一的体例,力争有所创新。每册的具体内容为该项目的起源与发展、运动保健、基本技术、运动技巧、比赛规则等，使读者在学习过程中，不仅能够学会运动健身的方法，同时还能够学到保健方面的基本知识。

经国务院批准，自2009年起，将每年的8月8日定为"全民健身日"。《全民健身项目指导用书》的出版，必将为开展全民健身活动起到积极的推动和指导作用。

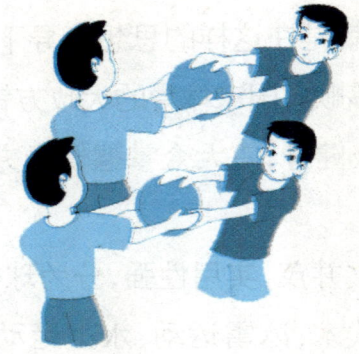

目录 CONTENTS

第一章 概述
第一节 起源与发展/002
第二节 场地、器材和装备/004

第二章 运动保健
第一节 自我身体评价/010
第二节 运动价值/014
第三节 运动保护/019

第三章 基本技术
第一节 迎面接力跑/030
第二节 大鱼网/031
第三节 二人三足/032
第四节 双人跳绳跑/034
第五节 胜进败退/036
第六节 打野鸭子/037
第七节 二人争球/039
第八节 抛球喊号/040
第九节 二搬一接力/042
第十节 传球接力/043
第十一节 你追我赶/045
第十二节 传球触人/047
第十三节 大球小球/048
第十四节 听数抱团/050
第十五节 看谁踢得多/051

目录 CONTENTS

第十七节 丢手绢/054
第十八节 老鹰捉小鸡/056
第十九节 打龙尾/057
第二十节 斗智斗勇/059
第二十一节 角力/061

第二十二节 背人接力/062
第二十三节 报数追拍/064
第二十四节 顺线追拍/065
第二十五节 长江黄河/067

第二十六节 俩人蹲跳/069
第二十七节 绕身传递/070
第二十八节 运球往返接力/072
第二十九节 活动篮筐/073
第三十节 运球绕杆/075
第三十一节 多球足球赛/077
第三十二节 颠球接力/078
第三十三节 五子棋/080
第三十四节 打手背/081
第三十五节 放爆竹/083
第三十六节 钻电网/084
第三十七节 踢毽子/086
第三十八节 十字接力/088
第三十九节 穿过树林/089

目录 CONTENTS

第四十节　　淘汰赛跑/091
第四十一节　钻跨栏架/092
第四十二节　穿梭跑/094
第四十三节　背向起跑/095
第四十四节　换球接力/096
第四十五节　渡河/098
第四十六节　触吊球/099
第四十七节　篱笆跳/100
第四十八节　跳跃绳球/102
第四十九节　火车赛跑/103
第五十节　　看谁投得准/104
第五十一节　投靶/105
第五十二节　抢截球/106
第五十三节　快速传球/108
第五十四节　蛇形跑接力/109
第五十五节　你抓我救/110
第五十六节　跑垒接力赛/112
第五十七节　蛇战/113
第五十八节　看谁得分多/114
第五十九节　攻碉堡/116
第六十节　　冲过封锁区/118
第六十一节　击球/119

第一章 概述

随着中国学校体育改革的不断深化和大众体育的迅速发展,体育游戏由于健身效果好,趣味性强,易于开发,越来越受到人们的重视,并被广泛运用于体育教学实践中。

第一节 起源与发展

作为健身娱乐活动的一种,体育游戏有着悠久的历史,而且,它是随着各民族文化的发展而发展的。

概述

体育游戏源远流长,在人类社会初期就被作为教育儿童的一种手段。家长常把自己的生活与劳动经验通过游戏的方式传授给孩子们。同时,孩子们也自发地对周围环境和成人的行为进行观察和模仿,做各种简单的、象征性的游戏。孩子们在结伴游戏中,还可接受友爱、互助等教育。

远在荷马时代,斯巴达儿童就有了滚圈、木马、秋千等玩具。人们利用游戏对自己的后代进行生活、劳动等方面的技能教育。我国原始社会末期,居住在大兴安岭一带过着游猎生活的鄂温克人,就利用"打熊""打虎""射雕"等游戏教给孩子们生活和生产的本领,并使其身体得到锻炼。抽陀螺,又称"打皮猴",也是我国民间流传已久的儿童游戏。在1926年山西省夏县西阴村灰土岭出土的仰韶时期(5000多年前)文化遗址的文物中,曾发现一个陶制的陀螺,与现代儿童所玩的小陀螺形状基本相同。

此外,在我国敦煌壁画中也有游戏与舞蹈形象的图画。可见,体育游戏起源于原始社会中生产力发展和教育的需要,有着悠久的历史。

随着人类社会的不断进化,人们的生活和劳动方式以及生产和交通工具等,也在不断演变和进化,体育游戏也随之不断发展。

 传播

　　人类最初只会跑、跳、追逐、角力,或模仿鸟飞、兽走、鱼游、刮风、下雨等生物与自然现象,做些极其简单的游戏,且大都是徒手。后来随着社会的发展,游戏的内容才不断丰富起来,动作也更为复杂。如模仿狩猎、畜牧、耕种、建筑等活动,或模仿祭祀、膜拜神鬼、骑马、打仗等。人类对后代的游戏教育也越来越受关注了。当人类产生了语言之后,在儿童中就逐渐出现了带有说白、歌唱式的游戏,并在此基础上逐渐演变为当今小学、幼儿园的"唱游课"。

　　当人类有了文字之后,又逐渐出现了有故事情节和智力性的游戏(如猜谜、棋弈、填字组词、计算等)。游戏是随着时代的演进而不断翻新的。随着中外文化、教育的交流,国内外的许多民间游戏也得以相互传播。大凡好的游戏,总会世代相传而不衰。例如,在18世纪60年代,我国清朝同治年间的外交官张德彝氏,在游历各国漫长的日子里,记录整理了8部游记。其中用大量篇幅介绍、引进了60多则外国民间游戏,如"抽陀螺""打水漂""跳索""击鹄""猜影""玩石球"等,这些游戏大都与我国民间儿童传统性游戏相类似。

　　进入20世纪80年代,随着我国体育事业的发展,游戏作为体育的重要手段之一,得到了广泛的传播,特别是在中小学、幼儿园的体育教学中,游戏成为对学生进行体育教育的重要内容。如今,不少公园、少年宫、俱乐部、儿童活动中心等文化娱乐场所,又出现了各种电子游戏,如电动玩具、飞船、飞车、模拟器等,展现了当代信息社会科学技术的新发展。在一定程度上,游戏也是社会进步和人类社会生活方式的反映。随着社会的不断发展,今后人们将会创造出更多、更好、更新颖的游戏。

 发展趋势

　　为更广泛地开展群众性体育活动,增强人们体质,推动我国社会主义现代化建设事业的发展,1995年6月,国务院提出了《全民健身计划纲要》,号召全社会广泛开展全民健身运动。目前,全民健身运动

在全国范围内蓬勃发展,具有中国特色的全民健身体系的框架已经初步形成。全民健身运动的开展,有利于提高人们的生活质量,丰富人们的业余文化生活,促进社会进步;有利于加强社会主义精神文明和物质文明建设,提高我国的综合国力,振奋民族精神。

体育游戏的普及性强,群众基础广泛,尤其适宜少年儿童。在做体育游戏时,经常进行脚步移动、跳跃等动作,可以增强身体的灵活性以及下肢和腰部肌肉的力量,加快游戏者全身血液循环,增强心血管系统和呼吸系统的功能。因此,体育游戏对强身健体具有重要作用。现在,体育游戏已成为全民健身计划的重要组成部分。

第二节　场地、器材和装备

体育游戏之所以受到广大青少年的欢迎和喜爱,不仅因为其本身的运动特点活泼多样,还因为体育游戏对场地、器材和装备的要求较低,便于开展。

体育游戏的场地较为灵活,可以选择在室外、室内和野外等,对不同的场地有着不同的要求。

体育游戏对场地的规格没有具体要求,可因地制宜,能够展开游戏即可。

❀ 室外

(1)在室外进行游戏,必须清除场地上的杂物和尘土。
(2)许多游戏需要平坦的场地,最好把场地压实,根据游戏内容画好场地的固定界线,做好安全措施。

（3）在做追逐、躲闪、角力和投掷等游戏时,应该离开固定器械或墙壁,以免碰伤;做投掷游戏时,应该向同一方向投掷。

（4）在冬季,游戏场地要清除积雪,并压实;在夏季,场地要打扫干净并洒水。

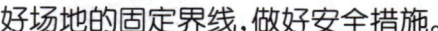
室内

（1）在室内进行游戏,应当在宽敞、通风的房间或体育馆内进行。

（2）室内尽量减少阻碍游戏者动作的物品。

野外

如果在野外进行游戏,游戏的领导者应该预先熟悉地形,并要拟订好游戏的场地范围。

体育游戏使用的器材种类繁多,大多数游戏使用的器材包括小旗、木棍、绳索、球、沙包和蒙眼布等。

颜色

为了使游戏者能清楚地看到器材,最好用色彩鲜艳的颜色。

规格

器材的重量和大小以适合游戏者使用为宜,并应保证使用时的安全。

要求

（1）器材要保持干净完好,游戏前要仔细检查,有些器材,青少年可以自己动手制作,如沙包和木棍等,这样还可以培养动手能力。

（2）有些器材的准备,可以在老师或家长的指导下进行,如场地画

线、器材的布置与分发等,这些活动有利于青少年养成良好的劳动习惯,对于青少年思想教育也十分有益。

在进行体育游戏时,舒适、合体的装备对游戏者不但有安全保护作用,还有助于技战术水平的充分发挥。

概述

服装   见图1-2-1

款式

体育游戏对服装的要求不大,但不同类型的体育游戏对服装的要求也不一样。如奔跑类和跳跃类游戏要求穿着简便,易于运动;斗智类游戏则对服装没什么要求,只要平时穿的服装即可。大多数游戏要求游戏者最好穿着运动装。

要求

(1)服装要便于活动,一般为吸汗性和透气性较好的棉制品。
(2)要整洁干净,宽松舒适,防止在游戏的过程中出现意外伤害事故。

图1-2-1

 鞋　　见图1-2-2

　　在进行体育游戏时,鞋是很关键的,因为有很多游戏都需要游戏者做出及时的判断,并且要快速爆发,这就要求游戏者选择的运动鞋要具有较好的摩擦力,这样不仅便于运动,还能减少意外事故的发生。

图1-2-2

第二章 运动保健

体育运动对增强体质、预防疾病和促进健康具有良好的作用。但是,并非所有人从事相同的运动都会达到同样的效果。对于同一种运动负荷,不同人机体的反应差异是很大的,即使同一个体,在不同时期、不同机能状态下,对同一负荷的反应及效果也是不一样的。因此,对于不同个体,应制定适合其机能需要的运动强度、时间、频率和持续周期。从事体育锻炼一定要讲究科学性,使机体最大限度地获得运动价值,使某些疾病得到有效的防治。

第一节 自我身体评价

自我身体评价是指根据个体的不同情况以及简单的功能评定标准，对锻炼者进行身体评价，并以此为依据，确定具体的锻炼内容。

适宜人群

体适能是全身适应性的一部分，是人体精神和体力对现代生活的适应能力。为了促进健康，预防疾病，提高生活质量和工作学习效率，几乎所有人都可以追求健康体适能，而且经过简单的评价和测试，均可以成为目标人群，即适宜人群。

健康体适能评价标准

健康体适能是指身体有足够的活力和精力处理日常事务，而不会感到过度疲劳，并且还有足够的精力去享受休闲活动和应对突发事件。

健康体适能是确定锻炼者是否为运动适宜人群的主要依据。目前的评价标准主要包括国民体质测定标准、学生体质测定标准和普通人群体育锻炼标准等。

国民体质测定标准主要包括形态指标、机能指标和素质指标3个部分，各项指标的测定结果均为1～5分，共5个级别。凡各项指标达不到4分或5分者，均应被纳入健身人群。

学生体质测定标准分为优秀、良好、及格和不及格4个级别。优秀水平以下者，均应被纳入健身人群。

普通人群体育锻炼标准分为5个级别，凡达不到4分或5分者，均应被纳入健身人群。

简易运动功能评定

简易运动功能评定的目的在于确定锻炼者有无运动禁忌症或临时运动禁忌的情况,即是否适合参加体育锻炼,以达到防备万一、避免意外事故发生的目的。目前通行的方式为3分钟踏台阶测试。

目的

测试锻炼者运动后心率恢复的情况,以评估其心肺功能。

器材 见图2-1-1

30厘米高的长凳、节拍器、秒表和时钟。

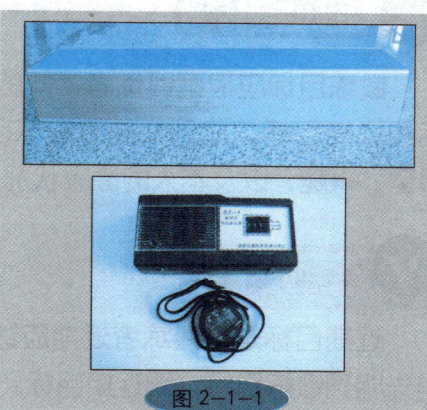

图2-1-1

步骤 见表2-1-1

(1) 节拍器设定为每分钟96次,锻炼者依"上上下下"的节拍运动3分钟。

(2) 锻炼者完成3分钟踏台阶后,5秒钟内开始测量其脉搏,时间为1分钟,记录其心率,并依据下表评价其功能水平。

(3) 运动后心率越低,证明其心肺功能越好。在运动强度允许的范围内,锻炼者可选择运动强度的较高值来进行运动。

表2-1-1 3分钟踏台阶测试评价表

	年龄(岁)	欠佳(次)	尚可(次)	一般(次)	良好(次)	优异(次)
男士	18~25	>115	105~114	98~104	89~97	<88
	26~35	>117	107~116	98~106	89~97	<88
	36~45	>119	112~118	103~111	95~102	<94
	46~55	>122	116~121	104~115	97~103	<96
	56~65	>119	112~118	102~111	98~101	<97
	65+	>120	114~119	103~113	96~102	<95
女士	18~25	>125	117~124	107~116	98~106	<97
	26~35	>128	119~127	111~118	98~110	<97
	36~45	>128	118~127	110~117	102~109	<101
	46~55	>127	121~126	114~120	103~113	<102
	56~65	>128	118~127	112~117	104~111	<103
	65+	>128	122~127	115~121	101~114	<100

注意事项

如锻炼者经过努力仍无法达标，或出现头晕、胸闷、出冷汗等症状，应立即终止测试。运动中应特别考虑运动强度，以防止出现意外。

锻炼目标

锻炼目标应根据锻炼者不同的身体状况来确定，可分为近期目标和远期目标。此外，确定锻炼目标还应结合锻炼者的运动意向、愿望、兴趣，以及本人的健康状况、疾病程度等因素来进行。

近期目标

近期目标是指锻炼者近期应达到的目标。在进行运动之前，应首先明确锻炼目标，即近期目标。选择一两个健康体适能构成要素，作为未来两个月内努力完成的目标，而且应从成功概率较高的构成要素开始，并将预期两个月后要达到的目标做上记号，如提高某个或某些关节的活动幅度，增强某个肌肉群的力量等。

远期目标

远期目标是指锻炼者最终要达到的目标。实践证明，经过科学合理的锻炼后，锻炼者是可以达到一般的远期目标的，如提高心肺功能，使其达到优秀的等级，或达到降血脂、防治高血压和冠心病的目的等。

运动负荷

运动负荷即运动量。怎样控制运动量，合适的运动时间是多少等，一直是人们争论不休的问题。但有一点是可以肯定的，那就是任何有关身体活动的意见和建议，都需要综合考虑锻炼者的身体状况和所要达到的目标，并以此为依据来制订科学的身体锻炼计划。

 运动强度

在运动过程中,运动强度过小,则无法达到锻炼的效果;运动强度过大,不仅达不到最佳的锻炼效果,还可能产生一些副作用,甚至出现意外事故。确定运动强度有两种方法,即心率简易推测法和主观感觉疲劳分级表推测法。

心率简易推测法

(1)年龄在20岁左右的年轻人,身体健康,能坚持体育锻炼,欲进一步提高身体机能,可取最大心率值(最大心率值=220-年龄)的65%~85%。

(2)年龄在45岁以下,身体基本健康,有运动习惯者,开始进行健身锻炼,可取最大心率值的65%~80%,没有运动习惯者,开始进行健身锻炼,可取最大心率值的60%~75%。

(3)年龄在45岁以上,身体基本健康,有运动习惯者,开始进行健身锻炼,可取最大心率值的60%~75%,没有运动习惯者,建议根据自身情况咨询专业人员来指导和确定运动强度。

主观感觉疲劳分级表推测法   见表2-1-2

运动的疲劳程度大致分为10级,具体为:0~1级,没感觉;2~3级,尚轻松;4~5级,稍累;6~7级,累;8~9级,很累;10级,精疲力竭。因此,健身锻炼的运动强度应控制在主观感觉疲劳程度的4~7级。

表2-1-2   主观感觉疲劳分级表

0 没感觉	2 尚轻松	4 稍累	6 累	8 很累	10 精疲力竭

运动频率

运动频率是指每日及每周锻炼的次数。一般每周锻炼 3~4 次，即隔日锻炼 1 次即可。有充足的休息时间，可使机体得到充分的休息，收到更好的锻炼效果。

运动持续时间

运动强度和运动持续时间，决定了一次锻炼的运动量和热量消耗。运动持续时间与运动强度成反比，运动强度大，运动持续时间可相应缩短，运动强度小，则运动持续时间应相应延长。

一般的健身锻炼，运动持续时间以每天 20~60 分钟为宜，其中包括准备活动时间、健身锻炼时间和整理活动时间。每次健身锻炼应在 20 分钟以上，锻炼可一次性完成，也可分段进行，但每段的活动时间应在 10 分钟以上。

第二节 运动价值

运动价值是人们一直在探讨的问题。一般认为，运动具有两方面的价值，即健身价值和心理价值。身体和精神的健康是相互依存的，伴随着身体功能的改善，精神状况也能同时得到改善。

健身价值在于提高体适能。体适能包括心肺耐力素质、肌肉力量素质、柔韧性素质和身体成分等。体适能的发展是积极从事锻炼的结果，只有规律性的体育锻炼才能达到最佳的体适能。

提高心肺耐力素质

心肺耐力是指全身肌肉进行长时间运动的持久能力,是体内心肺系统对身体各细胞的供氧能力。人体的心脏、肺、血管、血液等组织的功能是心肺耐力的基础,它们与氧气和营养物质的输送以及代谢物的清除有关。健全的心肺功能是健康的基本保证。

系统的体育锻炼,可以使心肌增厚,收缩力加强,心室容积增大,从而使心脏的泵血功能增强,表现为心血输出量增加。

系统的体育锻炼,呼吸系统机能也将得到提高,表现为呼吸肌的力量增强,肺活量、肺通气量明显增加,保证对机体供氧的能力。

系统的体育锻炼,可以促进血管系统的形态、机能和调节能力产生良好的适应力,从而提高机体的工作能力。

系统的体育锻炼,可以使血液系统产生某些适应性变化,如血容量增加、血黏度下降、红细胞膜弹性增强和红细胞变形能力增强等。

 ## 提高肌肉力量素质

肌肉力量是指肌肉最大收缩产生的对抗阻力或负荷的能力。肌肉力量只有达到一定的程度,才能克服外界阻力,而克服外界阻力是维持日常生活自理、从事各种劳动和运动的必要前提。

系统的体育锻炼,可以提高肌肉的生理横断面积,可以改善神经系统对肌肉收缩的支配功能,还可以提高肌肉内代谢物质的储备量,使肌肉力量得到提高。

 ## 提高柔韧性素质

柔韧性是指人体各关节的活动幅度,即关节的肌肉、肌腱和韧带等软组织的伸展能力。柔韧性对于保证正常生活质量、维持正常体态、预防损伤发生和减轻损伤程度等方面均起到至关重要的作用。

系统的体育锻炼，还可以延缓因年龄因素而导致的柔韧性下降，预防因缺乏运动而导致的关节结构、周围软组织和膝关节肌肉退化，从而使锻炼者的日常生活、劳动和运动等更加充满活力。

改善身体成分

身体成分是指人体体重中的脂肪组织和去脂组织的重量百分比。身体成分中的脂肪成分增加，肌肉成分必然下降。身体中不具备收缩功能的脂肪组织增加，必然导致身体进行各种活动的能力下降，基础代谢水平降低，肥胖症、冠心病、高血压、糖尿病、高血脂等慢性疾病发病率的提高。因此，身体成分是保证人体健康的重要内容之一。

通过系统的体育锻炼，随着锻炼者体质的增强，热量消耗便随之增加，进而燃烧掉体内多余的脂肪，使身体成分得到改善。而身体成分的改善，又可以减少体重对关节可能带来的不利影响，还可以使肥胖者的心理状况得到改善，增强其自信心，使其逐步建立起健康的生活方式。

心理价值

研究证明，有规律的体育锻炼不但可以使锻炼者增强体质、促进身体健康、预防一些慢性疾病，还可以提高锻炼者的生活满意度和生活质量，对其心理健康产生积极影响。

体育锻炼的心理健康效应主要表现在六个方面：

改善情绪状态

短期效应

研究发现，体育锻炼对人的情绪状态具有显著的短期效应。运动后人们的焦虑、抑郁、紧张和心理紊乱等症状会明显减轻，而精力和愉快程度则明显增强。而且这种情绪的迅速变化，与锻炼者个体的健康状况、活动形式和活动强度等有着直接的联系。

长期效应

体育锻炼对人情绪的长期效应有着直接的影响，与不锻炼者相比，有规律的锻炼者在较长时期内很少会产生焦虑、抑郁、紧张和心理紊乱等情绪。

完善个性行为特征

见表 2-2-1

人们的行为特征一般可以分为两种类型，用 A 型行为特征和 B 型行为特征来表示。A 型行为特征主要表现为性情急躁、争强好胜、容易激动、整天忙碌和做事效率高等。B 型行为特征主要表现为不好竞争、不易紧张、不赶时间、对人随和、喜欢自由自在等。具有 A 型行为特征的人由于过度紧张的情绪反应，会引起内分泌失调，增加心脏病发病的概率。目前的一些研究主要集中在体育锻炼对改变 A 型行为特征的作用方面。研究结果表明，有规律的体育锻炼能明显改变 A 型行为特征。

表 2-2-1　A、B 型个性行为特征常见表现

A 型行为特征者常见表现	B 型行为特征者常见表现
约会从来不迟到	对约会很随便
竞争意识很强	竞争意识不强
别人要讲话时总爱抢先或插话	是别人讲话时很好的听众
总是匆匆忙忙	即使有压力也从不匆忙
等待时缺乏耐心	能够耐心等待
干事时全力以赴	处事漫不经心
同时想干很多事	在一段时间里只干一件事情
讲话喜欢用加强语气，甚至敲桌子	讲话语速缓慢、不慌不忙
做了好事希望能得到别人的认可	只要自己满意即可，不管别人怎样想
吃饭、走路都很快	做事情很慢
不善与人相处	为人随和
容易暴露自己的感情	能控制自己的感情
具有广泛的兴趣	没什么业余爱好
雄心壮志	满足于目前的工作和学习状况

确立良好自我概念

自我概念是指个体对自己身体、思想和情感的主观整体评价，它由许多自我认识组成，包括我是什么人、我主张什么和我喜欢什么等。

坚持体育锻炼，可以使锻炼者体格强健、精力充沛、提高驾驭身体的能力，从而改善对自身的满意程度，确立良好的自我概念。

改变睡眠模式

根据脑电图的显示，人的睡眠可以分为两种状态，即慢波睡眠状态和快波睡眠状态。前者为浅度睡眠状态，后者为深度睡眠状态。一夜之间两种睡眠状态会交替发生 4～5 次。

有规律的体育锻炼不仅对慢波睡眠有促进作用，而且能缩短入眠的潜伏期，并延长睡眠的时间。

改善认知能力

体育锻炼还能改善人的认知过程，避免反应时间过长、注意力不集中和思维混乱等症状的发生，尤其对老年人的认知能力改善效果更为明显。

增加心理治疗效应

体育锻炼被公认为是一种心理治疗的好方法。目前人群中常见的心理疾患是抑郁症和焦虑症。研究发现，体育锻炼是治疗抑郁症的有效手段之一，抑郁症患者经过有规律的体育锻炼，抑郁症状能明显减轻。

体育锻炼还具有治疗焦虑症的作用，通过有规律的体育锻炼，可以使锻炼者的焦虑症状明显改善。

第三节 运动保护

在运动过程中，人体机能会随时发生变化。因此，应针对这种机能变化的特点来进行体育锻炼，也就是我们所说的运动保护。运动保护一般包括运动前准备、运动后放松和自我养护三个方面。

运动前准备

准备活动是指在正式运动之前进行的有目的的身体练习。做好充分的准备活动，可以缩短机体进入最佳状态的时间，同时还可以预防运动损伤的发生，为机体发挥最大的工作效率做好功能上的准备。

准备活动的作用

提高中枢神经系统兴奋状态

（1）使大脑反应速度加快，参加活动的运动中枢神经相互协调。
（2）为正式运动时生理机能达到适宜程度提前做好准备。

提高机体代谢水平

（1）准备活动可以使锻炼者体温升高，降低肌肉黏滞性，使肌肉的伸展性、柔韧性和弹性增强，从而有效预防运动损伤的发生。
（2）准备活动可以增强体内代谢酶的活性，使物质代谢水平提高，以保证运动时有较充分的能量供应。

克服内脏器官生理惰性

（1）准备活动可以提高心血管系统和呼吸系统的机能水平，使肺通气量及心血输出量增加。
（2）可以使心肌和骨骼肌的毛细血管扩张，使其工作肌获得更多的氧，从而克服内脏器官的生理惰性，使之尽快达到最佳状态。

增加皮肤毛细血管血流量

准备活动可以使皮肤毛细血管的血流量增加，运动后毛细血管扩张，有利于散热，降低体温，有效防止开始正式活动时由于体温过高而影响运动能力。

准备活动要求

准备活动时间

（1）准备活动的时间可以根据运动项目的具体情况确定，一般以10～30分钟为宜。

（2）准备活动与正式运动的间隔时间，一般以不超过15分钟为宜，可以在做完准备活动后立刻进行正式运动。

准备活动强度

（1）准备活动的强度和量应较正式运动小，以免引起不必要的疲劳。

（2）准备活动的量可以由心率来决定，心率以100～120次／分为宜。

准备活动内容

一般性准备活动

一般性准备活动的内容多以伸展运动开始，然后进行一般性的跑步、徒手体操等活动。

下面介绍一套常用的一般性准备活动操，供锻炼者运动前使用。这套活动操主要包括头部运动、肩部运动、扩胸运动、体侧运动、体转运动、髋部运动和踢腿运动等。

图 2-3-1

头部运动

头部运动的动作方法（见图 2-3-1）：两手叉腰，两脚左右开立，做头部向前、向后、向左、向右，以及绕环运动。

肩部运动

肩部运动的动作方法（见图 2-3-2）：手扶肩部，屈臂向前、向后绕环，以及直臂绕环。

扩胸运动

扩胸运动的动作方法（见图 2-3-3）：屈臂向后振动及直臂向后振动。

体侧运动

体侧运动的动作方法（见图 2-3-4）：两脚左右开立，一手叉腰，另一臂上举，并随上体向对侧振动。

体转运动

体转运动的动作方法（见图 2-3-5）：两脚左右开立，两臂体前屈，身体向左、向右有节奏地扭转。

髋部运动

髋部运动的动作方法（见图 2-3-6）：两脚左右开立，两手叉腰，髋关节放松，向左、向右 360 度旋转。

图 2-3-2

图 2-3-3

踢腿运动

踢腿运动的动作方法（见图2-3-7）：两臂上举后振，同时一腿向后半步，重心置于前腿，两臂下摆后振，同时向前上方踢腿。

运动保健

图2-3-4

图2-3-5

图2-3-6

图2-3-7

✦ 专门性准备活动

专门性准备活动的动作方法、节奏和强度等与正式锻炼相似，目的是使人体主要肌群在运动前得到动员，为正式锻炼做好准备。

运动后放松

运动后放松是指运动之后所进行的一些能够加速机体功能恢复的、较轻松的身体活动。与运动前准备活动相反，其目的是使锻炼者的生理机能水平逐步得到恢复。

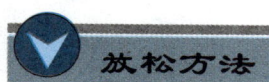
放松方法

✦ 运动性手段

（1）运动结束后，锻炼者可采用变换运动部位的方法来消除疲劳，如上肢出现疲劳时可做一些慢跑运动，下肢出现疲劳时可做一些上肢运动。

（2）转换运动类型也是一种不错的放松方法，如打羽毛球出现疲劳时，可从事瑜伽运动来达到放松的目的。

（3）还可以用调整运动强度的方法来缓解疲劳，如可以在放松过程中，采用小强度的轻微运动方法等。

✦ 整理活动　　见图 2-3-8

（1）整理活动是指运动后所做的一些能够加速机体功能恢复的身体活动，如剧烈运动后进行 3～5 分钟慢跑或其他整理活动，使身体机能得以恢复。

（2）剧烈运动后如不做整理活动而骤然停止动作，会影响氧气的补充和静脉血的回流，使机体血压降低，引起不良反应。

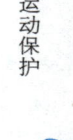

图 2-3-8

 注意事项

（1）在进行整理活动时动作应缓慢、放松，运动量不要过大，否则会引起新的疲劳。

（2）在进行整理活动时，应当保持心情舒畅、精神愉快。

 自我养护

锻炼后，锻炼者感觉身体疲劳是一种正常的生理现象，是体育锻炼过程中的正常反应，随着体育锻炼时间的延长，疲劳症状会自然消失。运动性疲劳出现后，锻炼者如果采用一些自我养护措施，可以加速身体机能的恢复，尽快消除疲劳，提高锻炼效果。常见的自我养护方法主要包括运动后休息、合理营养和物理手段等三种。

运动后休息

 静止性休息　见图 2-3-9

（1）静止性休息是指锻炼者运动后保持机体相对的静止状态，以促进身体机能的恢复，尽快消除疲劳。

（2）静止性休息的最佳方式之一是睡眠，特别是刚开始从事锻炼

者，身体不适应或疲劳症状明显时，更应该保证足够的睡眠，否则，锻炼者虽然积极参加了体育锻炼，但收效甚微，甚至会导致过度疲劳症状的发生。

（3）静止性休息更适合于消除全身运动导致的整体疲劳症状。

图 2-3-9

积极性休息　见图 2-3-10

（1）积极性休息更适合由于少量肌肉群参与工作而导致的局部疲劳，或运动强度较大而导致的快速疲劳。

（2）积极性休息可以加速血液循环，有利于代谢物排出体外，对促进身体机能的恢复具有明显的效果。

图 2-3-10

合理营养

见图 2-3-11

小强度、长时间的运动形式，主要是靠糖原的有氧代谢提供能量。运动后应及时补充淀粉类食物，如面粉、大米等，以促进消耗糖原的合成。随着人民生活水平的提高，在饮食结构中，肉类食品的比重不断增加，而淀粉类食品的比重逐渐减少，这一现象应当引起人们的注意，特别是老年人参加体育锻炼，更应注意对淀粉类食物的补充。

图 2-3-11

强度较大、时间又相对较长的运动形式，主要是靠糖原的无氧代谢提供能量。这样，糖原无氧代谢产物——乳酸便会在体内大量堆积。因此，运动后应多补充蔬菜、水果等碱性食品，以加速乳酸的清除，达到尽快消除疲劳的目的。

物理手段

按摩及牵拉

见图 2-3-12

（1）通过刺激神经末梢、皮肤结缔组织和毛细血管的按摩方法，可以使紧张的肌肉得以放松，从而改善局部组织和全身的血液循环，达到促进身体机能恢复的目的，这种方法可以在锻炼后马上进行。

（2）此外，还可以采取缓慢牵拉肌肉的方法，使收缩的肌肉得到充分的伸展放松。

水疗及电疗

（1）水疗包括芬兰式蒸汽浴、热水浴和桑拿浴等多种形式，主要作用是通过提高体温，促进血液循环，清除代谢物，以达到尽快消除疲劳、恢复体力的目的。

（2）水疗的时间一般以不超过 30 分钟为宜，如果时间过长，会进一步消耗体力，严重时甚至会出现暂时性脑缺血现象。

（3）如果条件允许，还可对疲劳的肌肉进行低频治疗。低频治疗仪的原理是模拟针灸疗法，使用时将电极用不干胶对称地粘贴在运动部位表皮上。这种疗法可以促进局部血液循环，改善组织代谢，缓解肌肉酸痛，消除疲劳。

图 2-3-12

第三章 基本技术

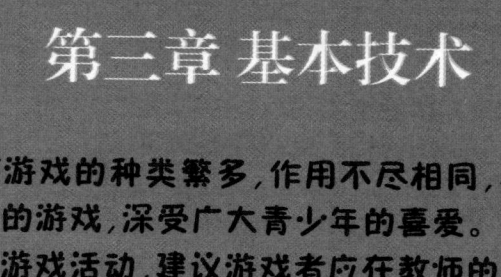

体育游戏的种类繁多,作用不尽相同,不同年龄段有不同的游戏,深受广大青少年的喜爱。为更好地开展体育游戏活动,建议游戏者应在教师的指导下进行适合自己的游戏,同时还要控制好游戏的量。

第一节 迎面接力跑

迎面接力跑是体育游戏的主要项目之一。

提高速度,培养集体主义精神。

场地1块,接力棒若干。

　　见图3-1-1

（1）将学生分成人数相等的两队,各队再分成两组,相距30米,面对面呈纵队站立。

（2）一组排头持接力棒站在起跑线后。

（3）教师发令后,排头迅速起跑。

（4）将接力棒交给本方另一组排头,然后站到排尾,依次进行,每人都跑完1次。

（5）先跑完的队为优胜。

图3-1-1

 游戏规则

(1)接棒时不得越出限制线。

(2)棒必须交到下一位队员手中,不得抛接,掉棒时由本人拾起。

 教学建议

(1)做好准备活动,以免受伤。

(2)队形也可呈横队站立,便于观看,轮到自己跑时可提前站到起跑线后。

第二节 大鱼网

大鱼网是体育游戏的主要项目之一。

 游戏目的

培养协同一致精神,发展灵活性。

 游戏准备

长方场地1块,从学生中选出2~3人做"网",其余学生做"鱼",分散在场内。

 游戏方法　　见图3-2-1

(1)开始时由组成"网"的学生拉手围捕"鱼"。

(2)被围住者便参加"网",手拉手围捕其他的"鱼"。

(3)把全部"鱼"捕完后游戏结束。

基本技术

图 3-2-1

（1）做"鱼"的学生不能跑出场外。
（2）"鱼"被围住就算作被捉，"鱼"不可冲破网。
（3）"网"不能自行破裂，如破裂则"鱼"能自由出入。

（1）开始时应选跑得快、耐力好的学生做"网"。
（2）运动量应控制好，并应根据情况及时调整。

第三节　二人三足

二人三足是体育游戏的主要项目之一。

培养动作协调、敏捷和相互协作的能力。

布带子 2 条，小旗 2 面。在场地上画 1 条起跑线，在距线 20 米处并排插 2 面小旗。

见图 3-3-1

（1）将学生分成人数相等的两队，各呈两路纵队站在起跑线后。

（2）每队第一组用布带子将两人内侧脚踝关节绑在一起，双臂互相搭肩，准备起跑。

（3）游戏开始，教师发令后，每队第一组立即向前跑进，绕过小旗跑回到起跑线，把布带子解开交给第二组，游戏按上述方法依次进行，每人轮流跑 1 次，最后以先跑完的队为胜方。

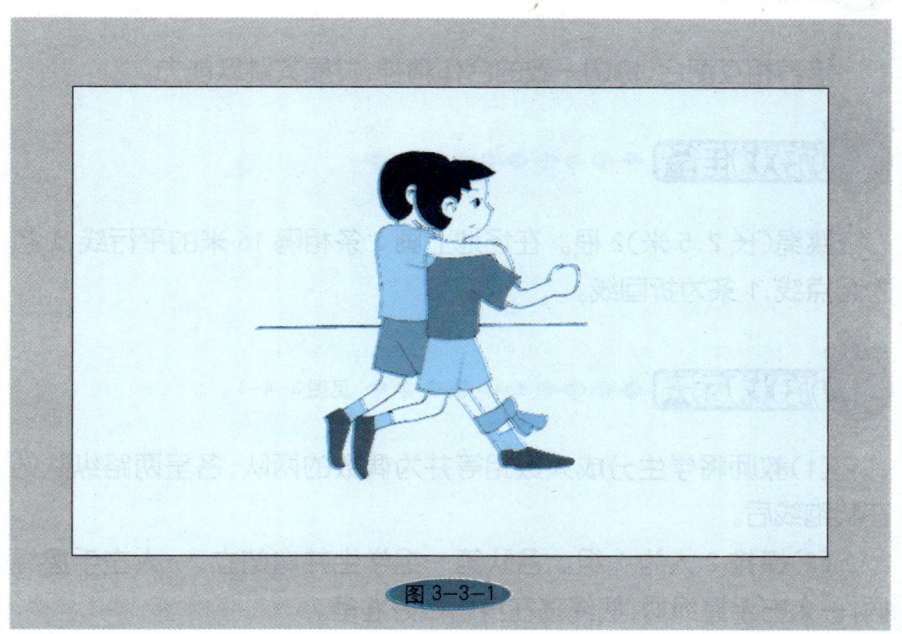

图 3-3-1

(1)必须在起跑线后把脚绑好,不准抢跑。

(2)若中途带子散开,应在原地绑好后再继续跑进。

每队也可用2条带子,第一组出发后,第二组即把脚绑好,准备起跑。第一组跑回起跑线拍第二组的手后,第二组即可起跑。

第四节 双人跳绳跑

双人跳绳跑是体育游戏的主要项目之一。

培养相互配合,协调一致的合作精神,发展其跳跃能力。

跳绳(长2.5米)2根。在场地上画2条相隔15米的平行线,1条为起点线,1条为折回线。

见图3-4-1

(1)教师将学生分成人数相等并为偶数的两队,各呈两路纵队站在起跑线后。

(2)横排2人为1组。各队第一组学生并肩站立,一人左手握绳柄,一人右手握绳柄,把绳荡在身后做好准备。

（3）教师发令后游戏开始，两人同摇一根绳子，跳绳跑到折回线，脚触线后，两人摇绳返回本队。

（4）把绳交给第二组，然后站到队尾。

（5）第二组学生接绳后，依照前面方法进行。直至全队轮流1次后，以先完成的队为胜方。

图 3-4-1

（1）摇绳跑时，必须连续一摇一跳，不得全跑。

（2）中途失误停绳后，必须在原地重新摇绳后方可前进。

（3）两人脚都触到折回线后，方可返回。

（1）游戏前先试做几次双人跳绳。

（2）双人跳绳也可以两人前后站立，用后面人摇绳两人跳进方法进行。

（3）折回线处可插2面小旗，要求跳绳人绕小旗跳绳跑回。

第五节 胜进败退

胜进败退是体育游戏的主要项目之一。

发展下肢力量和反应速度。

在场地上画 2 条相距 40 米的平行线为起点线。

见图 3-5-1

（1）将学生分成人数相等的两队，各呈纵队分别站在两条起点线后，彼此相对站好；

（2）游戏开始，教师发令后，两队排头做蛙跳跳向对面起点线，当两人相遇时，停下来猜拳，胜者继续向前跳，败者退出游戏，回到本队；

（3）与此同时，败者队第二人立即起跳，与胜者相遇时，停下来猜拳，依次进行；

（4）最后以先到达对方起点线的队为胜方。

图 3-5-1

游戏规则

（1）猜拳负者必须立即归队，不准阻挡对方前进。

（2）必须在猜拳后负方队员向回跑时，负方下一个人才能起动跳出。

教学建议

（1）此游戏所规定的蛙跳可以改成单脚跳、侧向跳等形式进行。

（2）猜拳方法，双方可先分别确定为单双数，猜拳时，两人各自出示手指，以和规定数目吻合者为胜方，或者选用石头、剪子、布的游戏方法定胜负。

第六节 打野鸭子

打野鸭子是体育游戏的主要项目之一。

发展投掷准确、闪躲灵敏等能力。

排球场地 1 块，排球 2～3 个。

见图 3-6-1

（1）将学生平均分为人数相等的两队，以猜拳方法决定谁先做"野鸭"或"猎人"，以半块场地为"湖泊"，"野鸭"在湖泊里，"猎人"在岸上，"猎人"手中保持 2～3 个排球为子弹。教师鸣笛开始后，"猎人"用球打"湖"里的"野鸭"，湖中"野鸭"被击中者退出球场。

（2）在规定时间内，两队交换，击中"野鸭"多者为胜方。

（3）此游戏中的"湖泊"可改为圆形。可规定单位时间内打中"野鸭"个数的多少。

图 3-6-1

 ◆◆◆◆◆

（1）"野鸭"活动范围不得离开"湖泊区"。

（2）"猎人"不得进入"湖泊"内射击。

（3）球出场外，"猎人"必须迅速捡回，时间计在比赛有效时间内。

 ◆◆◆◆◆

（1）如有条件，可分 2 个场地进行。

（2）如要节省因捡球而浪费的时间，可备用 2～3 个球。

第七节 二人争球

二人争球是体育游戏的主要项目之一。

 ◆◆◆◆◆

发展手指和手臂力量。

 ◆◆◆◆◆

每 2 人 1 个篮球。

 ◆◆◆◆◆ 见图 3-7-1

（1）将学生分成人数相等的两队，横队面对面站立。

（2）每 2 人 1 组，伸直两臂持 1 个球。

（3）听到教师发令后，两人立即争夺球，夺得一球为本队得 1 分，比赛 3 次，最后以累计得分多的队为胜方。

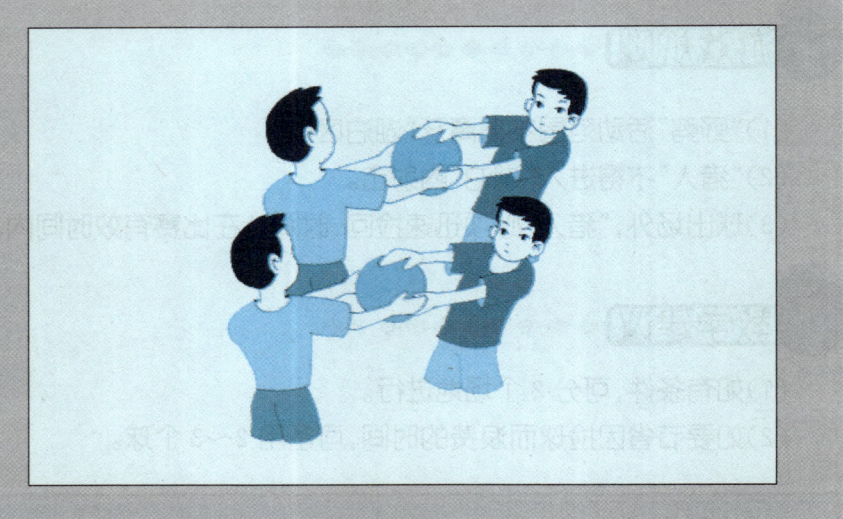

图 3-7-1

游戏规则

（1）持球时两手只准握住球两侧，不得手指连接或交叉将球抱住。
（2）夺球时不准屈臂和扭转。

教学建议

此游戏也可在两队间画 1 条线，并在各自身后一定距离再画 1 条线，比赛时以将对方拉过自己身后的线者为胜方，并为本队得 1 分。

第八节　抛球喊号

抛球喊号是体育游戏的主要项目之一。

游戏目的

发展灵敏性和快速反应能力。

排球1个,操场或空地。

见图 3-8-1

(1)学生依次报数定号,先由教师向上抛球并喊号,被喊者立即上来接球,其余的同学迅速离开,被喊者接到球后,可以继续抛球喊号,也可用球击身边的人,如被喊者没接到球,则只能继续喊号而不能击人。

(2)被击倒者要被罚做俯卧撑或立卧撑,之后做引导人,继续喊号。

图 3-8-1

(1)掷球者要击腰部以下部位方为有效。
(2)被喊者接到球后,场上所有队员停在原地不准跑动,让被喊者

击球,被击者可以动一只脚,进行躲闪。

(3)抛球的高度不准超过自己头顶3米。

(4)掷球者3次击不到人,同样被罚做俯卧撑或立卧撑。

教学建议

(1)分组时以8～10人为1组比较合适。

(2)根据各队情况,可罚一些队员做技术、素质差的项目。

第九节 二搬一接力

二搬一接力是体育游戏的主要项目之一。

游戏目的

发展下肢和腹背力量,掌握二搬一技术。

游戏准备

画2条相距15米的起、终点线,终点线上插2面标志旗。

游戏方法

见图3-9-1

(1)把学生分成人数相等的甲乙两队,各队1～3报数。

(2)教师发令后,1、2号队员抬起3号队员,"搬运"至终点线。

(3)返回时,可换队员"搬运",到达起点线后换同队下一组队员。

(4)先完成"搬运"的队获胜。

图 3-9-1

不得抢跑，每跌倒1次扣1分，到标志旗后单双数才能互换。

此游戏运动量较大，游戏前应做好准备活动。根据游戏情况，可适当调整搬运距离。

第十节 传球接力

传球接力是体育游戏的主要项目之一。

发展身体协调性，提高传接球技术和快速奔跑能力。

 **游戏准备**

场地上画 1 条横线为起点线,距起点线 10 米处并排间隔一定距离,画 4 个直径为半米的圈,篮球 4 个。

 **游戏方法**　　　　　　　见图 3-10-1

(1)8~10 人 1 组,共分 4 组,各组纵队站在起点线后,与圈相对,各组排头持 1 个球。

(2)游戏开始,听到口令后排头持球跑出,跑至本组圈内转身将球传给本组第二名队员,自己从场外跑回本组排尾,第二名队员在起点线后接球,然后跑至圈内,将球传给第三名队员。如此依次进行,直到排头接到球并将球举起为止,最先完成的组为胜方。

图 3-10-1

 **游戏规则**

(1)在圈内传球,方法不限,不得踩线出圈。
(2)必须在起点线后接球,接球后才能跑。

（1）跑动可改为运球。

（2）可改为排头至圆圈内传球给排尾，排尾将球依次向前传递，至新排头，原排头传球后站到排尾准备接球；或由排尾持球至圈内，传球给排头，排头可按规定用头上传递球、转体传递球、胯下传递球或胯下运球等方法向后传递，排尾跑回，站在排头准备接球。

第十一节 你追我赶

你追我赶是体育游戏的主要项目之一。

发展快速跑能力和团结协作精神。

在场地上画1个边长10米的正方形，每个角外画一个直径1米的圈。

见图3-11-1

（1）把游戏者分成人数相等的甲、乙、丙、丁4个队，各队站在规定边线外。

（2）游戏开始，各队第一名队员站在本队圈内，发令后立即按逆时针方向奔跑，各自追拍前面的人，即甲追乙、乙追丙、丙追丁、丁追甲，直到有人被拍着或跑完规定时间为止。

（3）然后各队第二名队员进入圈内继续比赛，如此依次进行，最后以拍着人多的队为胜方。

图 3-11-1

（1）每个人都要通过角上的圈在边线外跑动，否则算作被后者拍着。

（2）只准拍，不准推、拉、绊。

（1）根据教学对象决定跑的时间。

（2）各队可自行安排跑的顺序，决定后不得再换人。

（3）此游戏可采用接力跑形式进行。

第十二节 传球触人

传球触人是体育游戏的主要项目之一。

提高传接球能力及闪躲灵活性。

篮球场1块,篮球1个。

见图3-12-1

(1)学生分散在半场内,指定两人传球,在不走步和不准运球的情况下,传球人用球触及场上跑动的学生。

(2)被触者加入传球人行列中,再去触及其他人,最后看谁没被触到。

图3-12-1

**游戏规则**

（1）徒手者不许超出规定的场地线，违者算作被触及。

（2）传球人不许运球。

**教学建议**

（1）开始指定的传球人，可适当选择传球技术较好的学生，便于游戏进行。

（2）传球方式可以有多种，如双手、单手或反弹球等。

第十三节　大球小球

大球小球是体育游戏的主要项目之一。

**游戏目的**

提高反应速度，集中注意力。

**游戏准备**

空地1块。

**游戏方法**

见图3-13-1

（1）游戏者手拉手围成一个大圈。

（2）游戏开始，组织者指定任何一人为排头，按顺时针或逆时针方向做游戏，排头说"大球！"同时用手势做成小球样子。

（3）第二人应接着说"小球！"同时用手势做成大球样子，如此交替进行。

（4）如某人发生错误，罚其为大家表演1个节目或做5次俯卧撑，然后从发生错误的人开始，继续游戏。

图3-13-1

游戏规则

（1）必须口说大球（小球）而同时用手势做成小球（大球）样子。

（2）前后两人之间不能停顿时间过长，否则算作失败。

教学建议

（1）可以采用说大小西瓜、大小葫芦等来进行游戏。

（2）也可以采用说高低、胖瘦，并做出相反意思动作的形式来进行游戏。

第十四节 听数抱团

听数抱团是体育游戏的主要项目之一。

集中注意力,提高反应能力和上课兴趣。

平整场地1块。

　　　　　　　　　　　见图3-14-1

（1）游戏者围成一个圈,并进行逆时针环形慢跑。

（2）当听到组织者喊出"2"或"3"等数字口令时,游戏者立即按该数字2人或3人等抱成一团,少于或多于组织者所喊数字的均算作失败。

图3-14-1

听到组织者喊出某个数字时,立即按与该数字相同的人数抱成一团。

组织者所喊数字不宜太高,以 2～4 为宜。

第十五节 看谁踢得多

看谁踢得多是体育游戏的主要项目之一。

发展协调性和腿部力量。

根据人数画若干直径为 2 米的圈,每 2 人 1 只毽子。

见图 3-15-1

(1)将游戏者分为每 2 人 1 组,其中一人站于圈内,按规定的踢毽子方法,听信号开始连续踢毽子,直至中断为止。

(2)再交给另一人进圈内踢,看谁踢得多,多者算作胜方。

基本技术

图 3-15-1

（1）以连续踢计数，失误 1 次即中止。
（2）必须在圈内踢，出圈判为中止。
（3）必须按规定动作踢。

　　该游戏也可规定时间，在规定时间内连续踢，中途踢坏可拾起再踢，直至限定时间结束。

第十六节　闯三关

　　闯三关是体育游戏的主要项目之一。

游戏目的

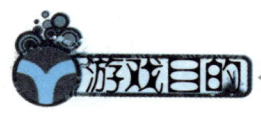

发展灵敏素质，培养果断精神及目测能力。

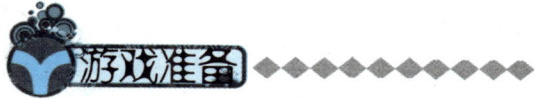

游戏准备

3～5 米长绳 3 根。

游戏方法

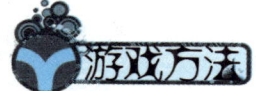

见图 3-16-1

（1）游戏者每 2 人 1 组，呈两路纵队站立，选出 3 对摇绳者，保持一定间隔，按同一节奏摇绳。

（2）游戏开始，同组 2 人手拉手跑过 3 根摇动的长绳，顺利通过三关者算作胜方，碰绳者与摇绳者互换。

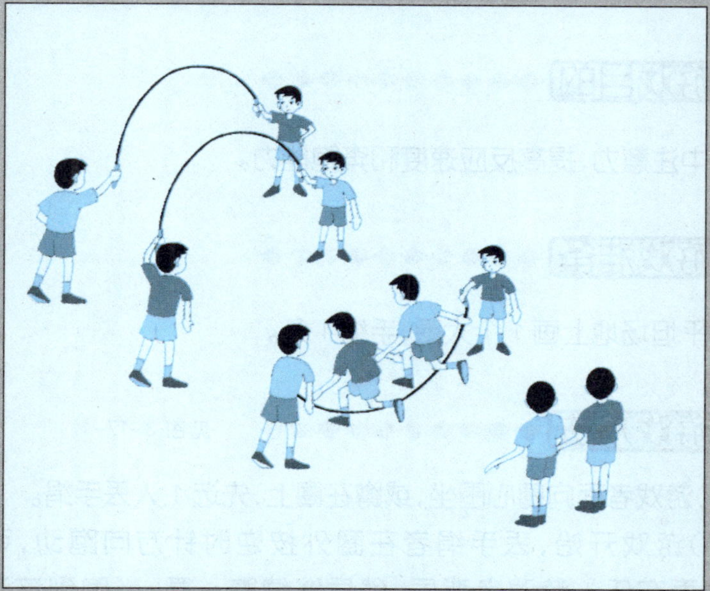

图 3-16-1

 **游戏规则**

(1) 摇绳者不得任意变换摇绳速度。
(2) 游戏者必须尽快闯过三关。

 **教学建议**

(1) 也可3人1组进行游戏。
(2) 教师可以参加,师生互动。

第十七节 丢手绢

丢手绢是体育游戏的主要项目之一。

 **游戏目的**

集中注意力,提高反应速度和奔跑能力。

 **游戏准备**

在平坦场地上画1个大圈,手绢1条。

 **游戏方法**　　　　　　　　　见图3-17-1

(1) 游戏者面向圈心围坐,或蹲在圈上,先选1人丢手绢。
(2) 游戏开始,丢手绢者在圈外按逆时针方向跑动,可随时将手绢丢在任一游戏者背后,然后继续跑一圈,当跑到该游戏者位置时,用手轻拍其背部,该游戏者即为失败,两人交换角色,继续游戏。

（3）如果被丢手绢者发现背后有手绢，应立即拾起并去追拍丢手绢者；如在一圈之内追上，丢手绢者算作失败，仍由原丢手绢者继续丢；如一圈内未能追上，原丢手绢者占据被丢手绢者位置，被丢手绢者变为丢手绢者，继续游戏。

图 3-17-1

（1）不得将手绢丢在两人中间。
（2）他人不得提示。
（3）两人追拍时不得远离圈。
（4）追拍者不得用力推、拉、打对方。

可选 2 名丢手绢者，用 2 条手绢在同一圈上进行游戏。

第十八节 老鹰捉小鸡

老鹰捉小鸡是体育游戏的主要项目之一。

发展灵敏素质、协调性和追拍、躲闪能力,培养团结互助精神。

平坦空地。

游戏方法

见图 3-18-1

(1)将游戏者分成人数相等的 2~4 队,每队在指定的地方排成一路纵队。

(2)每队选出一人作为老鹰站在别队队外,一人作为母鸡站在排头,其余为小鸡。小鸡在母鸡身后,双手搭在前一人的肩上,或双手抱住前一人的腰。

(3)游戏开始,老鹰捉小鸡,母鸡张开双臂阻拦老鹰,小鸡灵巧地躲闪,不让老鹰拍着,在规定的时间内,以小鸡被捕捉最少的队为胜方。

图 3-18-1

（1）老鹰不能和母鸡互相推、拉、扭、跑，不能拖住对方。

（2）老鹰不能从母鸡两臂下面钻过，只可从两侧绕过。

（3）小鸡被老鹰拍着，或在躲闪时脱散，都算作被捉，应及时退出游戏。

（1）游戏时要启发游戏者团结一致，相互配合，机智灵活地进行躲闪。

（2）游戏中要适当掌握和调整运动量，适时调换母鸡和老鹰。

第十九节 打龙尾

打龙尾是体育游戏的主要项目之一。

发展灵敏素质,提高掷准能力,培养集体配合精神。

画1个直径8~10米的圈,排球1个。

见图3-19-1

(1)分成两组,一组站在圈内,后一人扶住前一人的腰,连接成一条龙,另一组围站在圈外,其中一人持一排球。

(2)游戏开始,圈外一组寻机用排球投击圈内龙尾者腰部以下部位;圈内一组则在排头带动下转动躲闪。

(3)被击中者退出圈外,直至圈内组全部被击中出圈,与圈外组交换角色。

图3-19-1

（1）击中龙尾以外的人及击中腰部以上部位均属无效。
（2）圈外人不准进圈投击。
（3）龙头可以挡球，但不得接球。
（4）龙体不得脱节，脱者出圈。

打龙尾的同学可以围成一个圆圈来进行攻击，或者面对面站成两组。

第二十节

斗智斗勇

斗智斗勇是体育游戏的主要项目之一。

发展灵敏素质和平衡能力，培养机智勇敢精神。

平坦空地。

见图 3-20-1

（1）游戏者每 2 人 1 组，对面站立，两臂前平举，以两手掌相触为间隔距离。

（2）游戏开始，双方可以用推、拉、拨、闪的动作，迫使或诱使对方失去重心，移动脚步。

（3）使对方脚步移动者算作胜方。

图3-20-1

（1）只许用手推、拨、拉、闪，不许用掌或拳打。

（2）任何一只脚移动都算作失败。

（3）双方脚同时移动算作和局，应重赛。

（1）可以利用战术战胜对方。

（2）可以以擂台赛形式或集体比赛形式进行游戏。

第二十一节 角力

角力是体育游戏的主要项目之一。

发展力量和灵敏素质,锻炼游戏者的机敏力。

在场地上画 1 条中线。

见图 3-21-1

(1)游戏者分别站在中线两侧,两脚前后分开站立。

(2)每 2 人 1 组,同时伸右臂或左臂,两右(左)脚外侧相抵,两手互握。

(3)游戏开始,双方用力推、拉对方手臂,使对方脚步移动者算作胜方。

图 3-21-1

游戏规则

（1）只许单臂用力，另一手不得接触对方。

（2）游戏中两脚始终不得移动，否则算作失败。

教学建议

可以用太极推手等方式进行游戏。太极推手角力的方法是：双方相对站立，以右（左）手手腕紧靠相抵，通过挤、压、推、收、放的动作迫使对方失去重心而移动脚步。

第二十二节 背人接力

背人接力是体育游戏的主要项目之一。

游戏目的

发展力量素质，提高奔跑能力，培养吃苦耐劳的顽强精神。

游戏准备

画 2 条相距 15 米的平行线，1 条为起跑线，1 条为终点线，在终点线上插 2 面小旗。

游戏方法

见图 3—22—1

（1）将游戏者分成人数相等并为偶数的甲、乙两队，各队"1、2……"报数。每 2 人 1 组分别站在起跑线后，各队第一组的游戏者，单数者背起双数者，面对小旗做好准备。

（2）组织者发令后，单数者迅速把双数者背至小旗处，两人进行交换，双数者再以同样方法把单数者背回起点，击打本队第二组的手后站到本队排尾。

（3）第二组再以同样方法进行游戏，以此类推，以先完成的队为胜方。

图 3-22-1

（1）不准抢跑，如被背者滑下，应在滑下处背好再跑。

（2）必须到小旗后两人才能互换，否则判为失败。

教学建议

（1）游戏时应做好准备活动，注意安全。

（2）分组时，两人力量不能太悬殊。

（3）此游戏可采用一对一抱、背、托、扛或二对一、三对一抬的方法进行游戏。

第二十三节 报数追拍

报数追拍是体育游戏的主要项目之一。

提高反应速度和奔跑能力。

在场地上画1个直径为15米的圆圈。

游戏方法 见图3-23-1

（1）将游戏者排成一列横队，1～4报数并记住各自号数，然后每4人组成1组按顺序站好，全体人员间隔相同距离站在画好的圆圈上，面朝逆时针方向。

（2）游戏开始，组织者发出齐步走的口令，全体人员沿圆圈步行，在行进中组织者突喊"2号"，凡是"2号"者，闻声立即出列，在圈外沿逆时针方向向前跑，追拍前一"2号"，其余人听口令后立即停步站立。

（3）按规定跑1圈后站回原处，在途中追拍成功者得1分，追拍者失1分，未被追拍也没追拍别人者得0分，在一定时间和次数内，得分多的组算作胜方。

图 3-23-1

（1）追拍者必须按逆时针方向跟进。
（2）不得阻碍其他组队员追拍。

教学建议

参加游戏时，可以规定跑两圈或两圈以上进行追拍。

第二十四节 顺线追拍

顺线追拍是体育游戏的主要项目之一。

发展速度和反应能力。

游戏准备

在场地上画 8 米×8 米的正方形若干个,并将每个正方形及其对角线连接起来。

游戏方法

见图 3-24-1

(1)把游戏者分成 4 人 1 组,每一组用 1 块场地,游戏者分别站在正方形的一个顶点上,其中 3 人为逃者,1 人为追者。

(2)比赛口令发出后,追拍者可随意沿任何一线追其他 3 人,而逃者也可以沿任何一线逃跑,但追者和逃者都不可以从一线中途返回,若想改变跑动方向,必须在两线交界处进行,追者在一条线上拍到逃者身体得 1 分,被拍者应退出场地。

(3)在规定时间内未被拍着者也得 1 分,到规定时间后交换角色继续游戏,直到 4 人均做 1 次追者后结束,得分多者算作胜方。

图 3-24-1

游戏规则

(1)听口令开始比赛,否则无效。

（2）追者不得推打逃者，更不可用脚绊踢对方，违者取消游戏资格。

（3）逃者离开线，判为被拍。

（4）两名逃者跑对面时，判为被拍。

该游戏运动量较大，可适当调整场地大小。

第二十五节 长江黄河

长江黄河是体育游戏的主要项目之一。

提高反应速度和奔跑能力。

画3条间距10米的平行线，中间1条为中线，两边2条为限制线。

见图3-25-1

（1）把游戏者分成人数相等的两队，面对面站在中线两边，一队起名叫"长江"，另一队起名叫"黄河"，各队记住自己的队名。

（2）当组织者发出"黄河"口令时，"黄河"队队员马上转身往本方限制线方向跑，"长江"队立刻追击，如在限制线内追上1人得1分。

（3）做若干次后，游戏结束，以累积分多的队为胜方。

图 3-25-1

(1)追赶时不得追出限制线。
(2)不得用力推拉对方。

(1)做此游戏必须做好准备活动,要求注意力集中,游戏者之间要间隔两臂,两人面对,相距两步,或在场地中间画 2 条相距两步的线,为两队的间距。

(2)站立的预备姿势可改为背对背站立、蹲立、坐等形式,或两队面对面从限制线齐步走向中线,当两队相距 2 米左右时,组织者发出口令。

(3)为提高游戏者兴趣,可在每位游戏者背后系 1 根绳子做尾巴,改拍触为抓尾巴。

第二十六节 俩人蹲跳

俩人蹲跳是体育游戏的主要项目之一。

 **游戏目的**

发展下肢力量,提高身体协调能力。

 **游戏准备**

在平坦空地上画 2 条相距 8~10 米的平行线,1 条为起点线,1 条为终点线,在终点线上等距插 4 面小旗。

 **游戏方法** 见图 3-26-1

(1)把游戏者分成人数相等的 4 队,呈纵队站在起点线后,各队每 2 人为 1 组,各队第 1 组游戏者,背对背相互挽臂一前一后蹲在起点线后,做好准备。

(2)组织者发令后,第一组游戏者迅速向终点蹲着蹦跳,跳过终点绕过小旗,两人交换先后返回,第一组跳回起点线后,第二组游戏者起动,按同样方法进行游戏,以此类推,先做完的队算作胜方。

图 3-26-1

（1）每组在蹲跳过程中，挽臂不能分开，如分开必须原地挽好后再跳。

（2）第一组游戏者返回，跳过起点线后，第二组游戏者才能起动，否则判为失败。

可采用横跳、面对面跳等形式进行。

第二十七节 绕身传递

绕身传递是体育游戏的主要项目之一。

熟悉球性，提高控球能力。

篮球 2 个。

见图 3-27-1

（1）将游戏者分成人数相等的两组，排成两臂间隔的一列横队，各组排头持 1 个篮球。

（2）游戏开始，持球者按左、后、右、前的方向使球绕自己身体一周，然后把球递给本组下一人，下一人按同样方法进行，球传到排尾，再按右、后、左、前的方向绕身传递,直至球再传到排头,先完成的组为胜方。

图3—27—1

绕身传递

（1）环绕身体时,不得使球触及身体任何部位,否则加绕一圈。
（2）绕球方向必须一致,错者重做。

（1）根据需要可采用其他绕球方法,如胯下或高抬腿传、绕"8"字等。
（2）本游戏可改为一人绕球,另一人伺机破坏,如球击、手拍等,规定时间内被破坏次数少者为胜方。

第二十八节 运球往返接力

运球往返接力是体育游戏的主要项目之一。

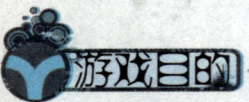

提高运球技术。

在场地上画1条起点线,在起点线前5米处画2条相距3米的平行线,作为限制区,在限制区前15米处间隔适当距离立2个折返标志。同时准备篮球2个。

见图 3-28-1

（1）将游戏者分成人数相等的两组,各组纵队面对自己的折返标志站在起点线后,排头各持1个篮球。

（2）游戏开始,听口令各组排头运球前进,绕过折返标志运球到限制区内时,将球传给本组第二人,自己站到排尾。

（3）第二人接着做,全组依次进行,最后球传给排头,排头立即将球举起,最先完成的组算作胜方。

图 3-28-1

（1）运球不得带球跑。

（2）须在限制区内传球，接球者必须在起点线后接球，接球后才能起动，不能跑出去迎球。

运球接力方法较多，如迎面运球接力、"8"字运球接力、"s"形运球接力、运球绕圈接力、运球过障碍接力、变向运球接力、规定位置规定动作运球接力，以及与身体素质练习相结合的综合接力等。

第二十九节

活动篮筐

活动篮筐是体育游戏的主要项目之一。

提高投篮准确性和移动中传球能力。

篮球1个,篮球场地1块。

见图 3-29-1

（1）把游戏者分成人数相等的两队,每队指定3人手拉手围成圈作为活动的篮筐,在本队半场内任意活动。

（2）游戏从中圈跳球开始,双方像篮球比赛那样进行攻守对抗,获球队通过传球,设法将球推进并投入对方篮筐,每投中1球得1分,防守队设法获得球权转入反攻。

（3）游戏反复进行,在规定的比赛时间内,以得分多的队为胜方。

图 3-29-1

(1)做"活动篮筐"的队员，不准松手或缩小圈，只能用移动的方式不让对方投中。

(2)进攻队员只准传球，不准运球或持球跑。

(3)出现违例和犯规时，均由对方发界外球。

可用多人的形式作为移动篮筐。

第三十节

运球绕杆

运动绕杆是体育游戏的主要项目之一。

发展灵敏素质，提高运球和控球能力。

画1条起点线，从线前10米处开始沿纵向每间距2米插6支标枪，共插2行。同时准备足球2个。

见图3-30-1

(1)将游戏者分成两组，各组成纵队面对本组标枪站在起点线后。

(2)游戏开始，各组排头运球前进，沿每支标枪绕一圈，绕过最后一支标枪后直线运球返回，将球交给本组排二，自己站到排尾。

(3)依次轮流进行至全组完成，以最先完成的组为胜方。

基本技术

图 3-30-1

（1）运球绕标枪时不得触及和碰倒标枪，否则重做。

（2）交接球时不得踢传，接球者接到球后才能越过起点线，否则应退回重做。

（1）可改为运球绕标枪"s"形前进。

（2）足球运球接力也有迎面、往返、绕圈等运球接力方式。

（3）为增加游戏难度，可让游戏者双手抱物、腋下夹物等进行游戏。

（4）也可与传球相结合进行游戏。

第三十一节 多球足球赛

多球足球赛是体育游戏的主要项目之一。

提高反应能力和灵活性。

小足球场1块,足球2~3个。

见图3-31-1

(1)把游戏者分成人数相等的两队。

(2)游戏开始,两队用2~3个球按足球比赛规则进行比赛。

(3)射中对方球门得1分,比赛结束以得分多的队为胜方。

图3-31-1

 **游戏规则**

按足球竞赛规则进行。

 **教学建议**

人数根据游戏者运动水平而定。

第三十二节 颠球接力

颠球接力是体育游戏的主要项目之一。

 **游戏目的**

提高速度,培养控球能力。

 **游戏准备**

乒乓球、拍各4个。画1条起跑线,在距起跑线前20米处,间隔一定距离,画4个直径1米的圈,圈内放球、拍各1个。

 **游戏方法**　　　　　见图3-32-1

（1）将游戏者分成人数相等的4队,排成一路纵队面对圈站在起跑线后。

（2）组织者发令后,各队第一人快速跑到圈内,拿起乒乓球和球拍,连续颠球10次,然后放下,返回起跑线,击本队第二人手后站到队尾,各队第二人按同样方法进行游戏,以此类推。

（3）每人均做一次后,以最后一人先返回起跑线的队为胜方。

图 3-32-1

颠球接力

游戏规则

(1)游戏者必须在圈内颠球。
(2)颠球时必须完成规定次数。
(3)球和拍要放在圈内,压线判为犯规。

教学建议

(1)本游戏中跑的过程可改为颠球或托球跑,途中也可设置障碍。
(2)也可在折返处做几次移动后返回。
(3)本游戏也可改为在规定区域内托球或颠球相互追拍、顶肩等。

第三十三节 五子棋

五子棋是体育游戏的主要游戏之一。

发展智力和竞争意识。

每2人1副围棋(棋盘和黑白棋子)。

见图3-33-1

两人各执一色棋子,黑先白后,轮番落子在棋盘的交叉点处,一方出现5枚棋子处在同一直线上(横、竖、斜方向均可),且中间不隔空或对方棋子,即为胜利。

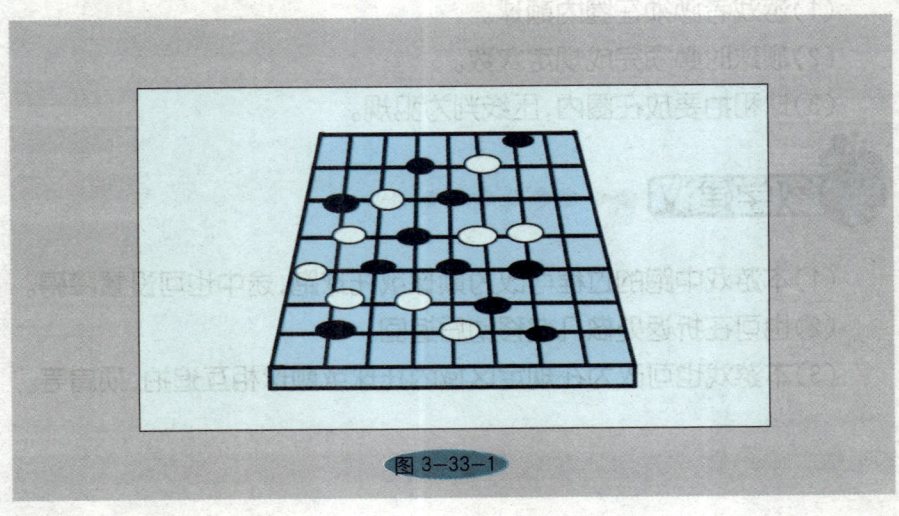

图3-33-1

 游戏规则

（1）轮番落子，可以落在任何一处没被占据的交叉点上，落子后就不得移动，直至终盘，不得吃、提子。

（2）5枚棋子处在同一直线上且中间不闲空、不隔对方棋子即获胜。

 教学建议

（1）五子棋和围棋一样，虽然规则简单，但变化多端，魅力无穷。游戏者需要开动脑筋，掌握技巧，既要努力使己方五子连线，又要阻止对方成功，这样才有取胜的可能。

（2）棋类游戏相当，多类似还有"憋死牛""二顶一""二夹一""挑担"等等。

第三十四节

打手背

打手背是体育游戏的主要项目之一。

 游戏目的

提高手的灵活性和反应速度。

游戏准备

要求游戏者注意力高度集中。

 游戏方法　　　见图3-34-1

（1）两人对坐或站立，甲掌心朝下，放在乙手掌上，乙翻掌击打甲

手背。

(2)如乙已翻掌又未打到甲手背,即为失败,双方交换。

(3)如乙触到甲手背的任何位置,则为胜方,可继续游戏。

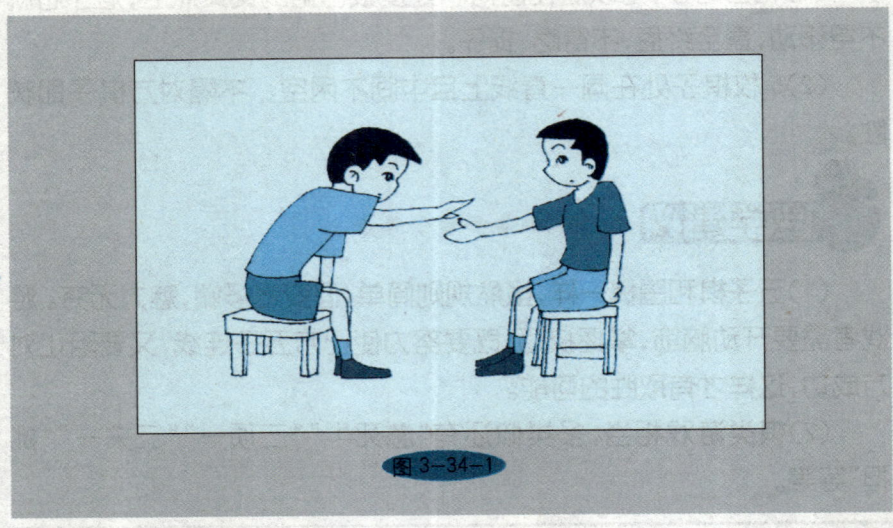

图 3—34—1

(1)掌心朝上者,无论做任何动作,只要未翻手掌,均可继续做进攻者。

(2)掌心朝下者,可任意选择时机放下或拿开手掌。

(3)击打时不可用力过大。

可左右手交替进行。

第三十五节 放爆竹

放爆竹是体育游戏的主要项目之一。

提高兴奋度和注意力。

要求游戏者注意力高度集中。

见图 3-35-1

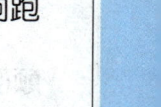

（1）游戏者以一臂间隔围成一个圈，引导人右臂侧举，食指伸出，站在圈中间扮作点炮人。

（2）游戏开始，引导人口令发出"刺"的声音，同时沿顺时针方向跑动，表示爆竹已经点燃。

（3）随后突然停止在任意一个游戏者面前，并用右手指他。

（4）此时被指点的人应马上发出"砰"的声音表示爆竹已爆炸。其右侧人发出"啪"的声音，其左侧人发出"哎哟"的声音表示吓了一跳。

（5）凡动作不对和声音发出不及时者算作失败。

基本技术

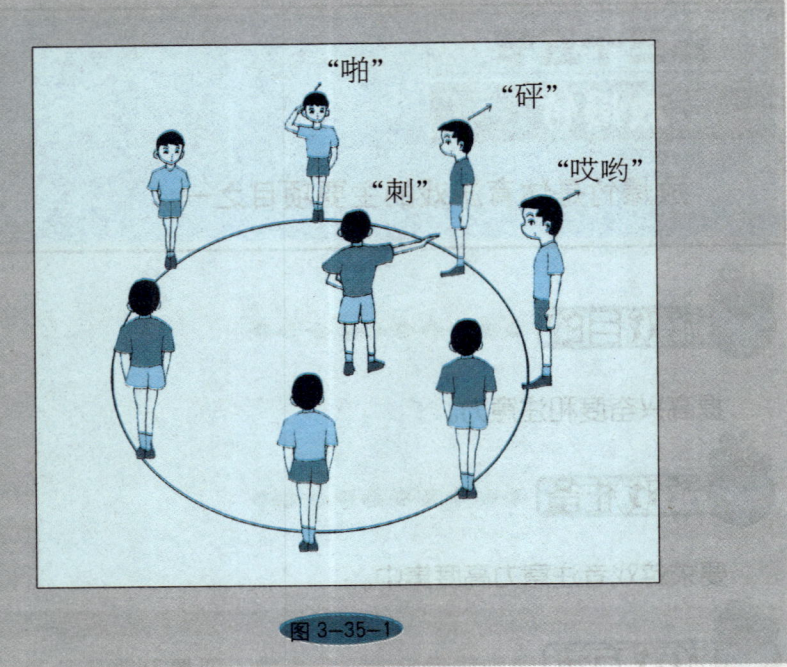

图 3-35-1

（1）声音动作应同时进行，如脱节判为失败。
（2）被指人发出"砰"，右侧人发出"啪"，左侧人发出"哎哟"，顺序颠倒判为失败。

（1）引导人手势应准确果断。
（2）此游戏适合课的开始和结束部分。

第三十六节
钻电网

钻电网是体育游戏的主要项目之一。

发展灵敏性。

在场地画 2 条间隔 10 米的平行线为起、终点。

见图 3—36—1

（1）选出 4~5 名学生在场地中央组成一横排，彼此间隔距离比双手侧平举略短一些，组成电网。同时用手绢做绷带蒙住每个人的眼睛，其余学生站在起点线后。

（2）游戏开始，大家想办法从"电网"中间钻过去，不能让组成"电网"者的手触着自己。"电网"组成者的脚不能移动，但允许弯腰、蹲下，用手做各种动作去触击企图钻过"电网"的人。

（3）最后安全通过电网的人为胜方，被"电网"触及者为败方，退出场外，然后另选人做"电网"，游戏重新开始。

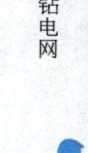

钻电网

图 3—36—1

（1）人只能从"电网"中间钻过或爬过，不得从"电网"两端绕过去。
（2）蒙住眼睛，不能偷看，违者触人无效。
（3）用脚触人无效。

（1）电网人的动作不宜过重。
（2）电网人不能互相拉住手臂。

第三十七节 踢毽子

踢毽子是体育游戏的主要项目之一。

发展灵敏协调性和判断能力，培养团结协作的精神和对抗意识。

在空地上画若干长 8 米、宽 4 米的长方形场地，每块场地中间设一高 1.5 米的网，两边半场分别分为 1、2、3 区。同时准备毽子若干。

见图 3-37-1

将游戏者 3 人 1 组分为若干组，并分别编为 1、2、3 号队员，比赛时分站在对应的 1、2、3 区，每 2 组 1 块场地，每块场地设裁判员 1 人。比赛采用循环赛制或淘汰赛制，比赛规则参照排球比赛规则进行。比赛开始,听裁判员信号,1号区队员发踢毽过网,对方3人必须在3次之内将毽子踢回,这样各组队员间密切配合,组织进攻,反复对踢,迫使对方失误。一方失误,则判对方得1分,并由对方发踢毽重新开始下一回合的对抗。先达到规定分数的一方为胜方。

图3-37-1

（1）对踢时只准用膝部以下部位接触毽子；毽子不得在脚上有明显停留；任何人不准连踢；本方3人可相互传递后踢毽过网,但不准超过3次；每次失误后,双方队员均应按逆时针方向轮换发踢毽。违反以上规则之一的为失误,判对方得1分。

（2）毽子落在本方场区内为本方失误,判对方得分；毽子落在界外或从网下、网外穿过为踢毽方失误,判对方得分。

（3）每回合踢毽后3人位置交换。

（4）可以到界外救毽子。

可以采用不同的比赛方式。

第三十八节
十字接力

十字接力是体育游戏的主要项目之一。

发展速度和灵敏性。

游戏准备

在场地上画1个边长10米的正方形,再将正方形的对角线画好。标杆4根,分别插在四方形的角顶处。接力棒4根。

见图3—38—1

教师可将学生分成人数相等的4个队,各呈纵队,分别对准角顶的标杆站在对角线上,各队排头手持接棒做好准备。游戏开始,听到教师发令后,排头绕过标杆,沿逆时针方向绕四边形跑一圈后,将接力棒传交给本队第二人后,站到队尾。第二人按同样方法进行,直到全队跑完,以先跑完的队为胜。

图 3-38-1

穿过树林

(1)绕四边形跑时,必须依次绕标杆的外侧跑。
(2)递交接力棒后,要迅速离开跑动路线,不得妨碍他人。
(3)超越别人时,必须从外侧绕过,不得挡人。
(4)如果掉棒,必须由本队队员将棒拾起,再继续跑。

此游戏可以进行运球形式的接力赛。

第三十九节

穿过树林

穿过树林是体育游戏的主要项目之一。

发展应变能力及起动速度。

空地1块,画相距4米的两条平行线(为安全线)。

见图3-39-1

(1)将游戏者排成一列横队,左右相隔1米组成"树林"。
(2)先由两人出列,一人为进攻者,一人为防守者。
(3)发令后,防守者设法不让进攻者穿过"树林"。
(4)进攻者力争在短时间内穿"树林"。
(5)两分钟后两人交换,看谁穿过"树林"次数多,多者获胜。

图3-39-1

（1）在规定的两分钟内，进攻者必须穿过"树林"，否则为失败。

（2）防守者只有在进攻者穿出"树林"与安全线之间的2米内拍着进攻者才有效。

（1）攻守安排多组进行。

（2）也可采用守者持球，用球传出触及攻方的办法进行。

第四十节 淘汰赛跑

淘汰赛跑是体育游戏的主要项目之一。

发展速度耐力，提高弯道跑技术。

在一块画有直径9～12米圆的长堤上，在圆外画一条斜线为起跑线。

见图3-40-1

（1）游戏开始后，游戏者站在起跑线上。

（2）可规定每人跑两圈，最后一个人被淘汰，其他人继续跑。

（3）然后再规定每人跑一圈，最后一个人被淘汰，其他人再继续跑。

(4)直到游戏进行到只剩6～8人跑时结束,最后的6～8人为优胜者。

图 3-40-1

(1)听到信号后才能跑。

(2)超越别人时应从右边越过。

根据人数适当安排场地的大小和规定的圈数。

第四十一节　钻跨栏架

钻跨栏架是体育游戏的主要项目之一。

发展速度和协调性。

场地1块,栏架若干,栏间距为7米,标杆2根。

见图 3-41-1

(1)将游戏者分成人数相等的甲、乙两队,各队呈纵队站立在距第一栏12米的限制线后。

(2)发令后,排头迅速起跑跨过第1个栏,钻过第2个栏,再跨过第3个栏,钻过第4个栏,从标杆外侧绕过,再从栏外侧跑回,拍到第2个人的手,然后站到排尾。

(3)第2人、第3人依次进行,每人都跑一次,先跑完者获胜。

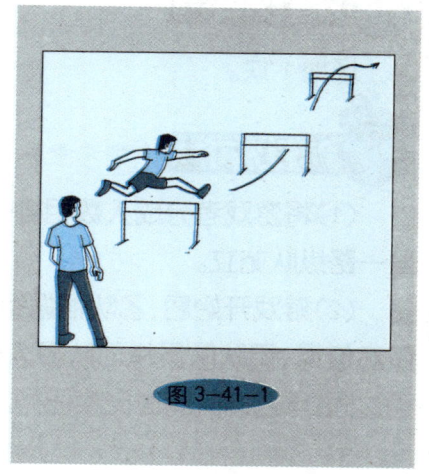

图 3-41-1

(1)不得抢跑,如未被拍击而抢跑者,令其返回重新起跑。

(2)不允许用手推倒栏,如推倒,必须扶起来重新跨过,在跨栏时碰倒栏则不算犯规,但返回时必须将碰倒的栏扶起。

(3)采用什么姿势起跑,根据对象和任务而定。

栏高和栏间距可根据对象而定,用其他障碍代替也可。

第四十二节 穿梭跑

穿梭跑是体育游戏的主要项目之一。

培养灵活性和判断能力。

场地1块。

 见图3-42-1

（1）将游戏者分成人数相等的甲、乙两队，两队前后相距2米。均呈一路纵队站立。

（2）游戏开始后，乙队根据组织者的动作，不断迅速地变换方向和做定位操，甲队队员从乙队每人中间做曲线穿梭跑，当甲队队员全部通过后，甲乙两队同时交换任务。

图3-42-1

 **游戏规则**

（1）乙队队员必须根据组织者的动作，做统一操，不得有意打击甲队队员。

（2）甲队队员通过时，不得触碰乙队队员，碰1次者负1分，但如难以通过时，可略停片刻，待机而动，负分少的队获胜。

 **教学建议**

（1）此游戏活动量较大，注意安排好游戏时间。

（2）可采用两队比赛的形式进行。

第四十三节 背向起跑

背向起跑是体育游戏的主要项目之一。

 **游戏目的**

提高反应、快速起跑能力和灵活性。

游戏准备

跑道或平整的场地1块。

游戏方法 见图 3-43-1

（1）将游戏者分成若干组，每组6～8人，开始时游戏者背对跑道蹲在起跑线后，两手扶地做好起跑的"预备"姿势。

（2）听到发令后，迅速转身起跑，在15米处设有裁判员，根据到达先后排出名次,然后将各组同名次者排在一起,再进行比赛。

图 3-43-1

(1)两次抢跑者罚下,并按最后一名计。
(2)预备时要求全蹲,如提前起动或抬臂为犯规。

(1)游戏者间隔要在一米半以上,以免转身互相碰撞。
(2)起跑的姿势可以是坐、俯卧、仰撑等动作形式。

第四十四节 换球接力

换球接力是体育游戏的主要项目之一。

提高奔跑的速度和灵活性。

 **游戏准备**

在地上画 1 条线做起跑线,在线的正前方,每隔 6~8 米画 1 个圆圈,每组 2~3 个,画若干组。

 **游戏方法** 见图 3-44-1

（1）把游戏者分成 4~5 人一组,成纵队站在起跑线后,每组第一个人的前脚踏在起跑线上,并拿 3 个小球做好比赛准备。

（2）鸣笛后,每组第一个人向前跑,并把 3 个球依次摆进小圆圈内,跑回起跑线,由第二个人接力跑,把 3 个球拿回交第三个人,直到全组完成,先完成的组获胜。

图 3-44-1

 **游戏规则**

（1）球必须放定在小圈内,如果滚出应重新放好。
（2）中途掉球,捡起来继续比赛。

 **教学建议**

小圆之间的距离远近,可根据游戏者情况而定,各组之间要有 3 米以上的空当。

第四十五节 渡河

渡河是体育游戏的主要项目之一。

增强弹跳能力。

在场地画 2 条 10～15 米的平行线,中间为河道,线外为河岸,在河道里有大小不同的两组圆圈作为石块(两组圆圈大小,距离位置相反)。

见图 3-45-1

(1)把游戏者分成人数相等的两队,各队再分两组成纵队,面对面分别站在两端平行线后。

(2)发令后,先由各队第一个人开始跳,从一块石头跳到另一块石头,跳到对岸后与第一个人拍手,对岸第一个人跳回,如此进行,最后以先跳完的队获胜。

图 3-45-1

 **游戏规则**

（1）踏跳时，脚必须落在圈内，否则退后重跳。
（2）下一个人必须与先跳者拍手后，方可进行跳跃。

 **教学建议**

（1）圆圈的大小及多少，可根据跳跃能力决定。
（2）组织者示范后，找两名游戏者试做一次，然后再比赛。
（3）可传递小沙包或接力棒。

第四十六节 触吊球

触吊球是体育游戏的主要项目之一。

 **游戏目的**

发展弹跳力。

 **游戏准备**

吊球若干。

 **游戏方法**　　　　　见图 3—46—1

（1）游戏者分成若干组，各组成一路纵队，每组前方同等距离、同等高度各吊球一个。

（2）游戏者按要求做助跑起跳后用手触球，吊球下设一人，随时报出触球的数字，做一轮次后，触球多的组获胜。

图 3-46-1

 游戏规则

（1）必须用单脚起跳后去触球。
（2）结合动作提出技术要求，不按规定技术起跳的触球无效。

 教学建议

（1）挂吊球的带子不要太长，否则触球后的摆动太大，影响下一个人触球。
（2）若无技术要求，也可用接力的形式，比在规定的时间内哪组触球最多。

第四十七节
篱笆跳

篱笆跳是体育游戏的主要项目之一。

 游戏目的

提高跳跃能力。

 **游戏准备**

接力棒 2 根。

 **游戏方法**

见图 3-47-1

（1）把游戏者分成两组，间隔适当距离，面对面呈横排，两臂侧平举，拉手跪坐在地上，筑成"篱笆"。

（2）游戏开始，排尾持接力棒从篱笆中间穿梭跳向排头，将接力棒递给排头，然后与排头拉手做篱笆。

（3）接力棒逐个传到排尾，排尾接棒后再向排头跳，依次每人做一次，先跳完者获胜。

图 3-47-1

 **游戏规则**

（1）手臂必须伸直平举，不准降低。
（2）除传接棒外，两臂必须保持拉手姿势。

 **教学建议**

可在跑中跳过篱笆，也可始终用跳的动作完成。

第四十八节 跳跃绳球

跳跃绳球是体育游戏的主要项目之一。

游戏目的

发展灵巧性、协调性及反应判断能力。

游戏准备

将排球装在小网兜内,系在1条长绳上。

游戏方法

见图3-48-1

(1)站成单行圆圈,相互之间约一臂距离,组织者位于圆心,手持绳子的一段,将球抡起平行于地面转动飞行,球离地面为20～30厘米,速度快慢酌情掌握。

(2)当球经过时,圆圈上的人必须跳起让绳球通过,如被绳球缠住或被击中为失败,若干次后,由失败者表演一个节目。

图3-48-1

游戏规则

不得离开圆圈站立。

教学建议

(1)球不要离地太高。

(2)轮球者可采用变速的方式进行。

第四十九节 火车赛跑

火车赛跑是体育游戏的主要项目之一。

发展腿部力量和动作的协调性。

篮球场地1块。

见图 3-49-1

（1）把游戏者分成人数相等的两队，各成纵队站在起点线后，每个队员都把自己的右（左）脚伸给前面的人，左（右）手用手掌兜住后面队员伸来的脚，右（左）手搭在前人的肩上，排头不伸脚，排尾不兜脚，组成一列"火车"。

（2）听到出发口令，全队按照一个节拍向前跳动，排头可以走步，"车尾"完整通过终点才能计成绩。

图 3-49-1

如遇"翻车"或"脱节",必须在原地接好后方能前进,"列车"完整通过终点才能计成绩。

此游戏应根据游戏者不同条件来确定跳跃的距离。

第五十节

看谁投得准

看谁投得准是体育游戏的主要项目之一。

发展上肢力量,提高投掷的准确性。

小足球场1块,球门架1个,球若干。

见图3-50-1

每人1球,按报数顺序站于球门前一横线上,组织者叫号后,被叫者立即将球射出,可用各种射门方法,看谁投得准。

图3-50-1

 **游戏规则**

（1）射门两次不进者，罚做俯卧撑 10 个。

（2）守门员 3 次以上未挡出应受罚。

 **教学建议**

（1）人数多可每人投掷一次，轮换进行，人数少可每人投掷几次。

（2）可分两组对抗，根据两组进球多少决定胜负。

第五十一节　投靶

投靶是体育游戏的主要项目之一。

 **游戏目的**

提高投球能力，发展力量素质。

 **游戏准备**

在排球场的进攻线旁各画 2 个直径 1～1.5 米的圆圈，同时准备排球若干。

 **游戏方法**　　见图 3-51-1

（1）将游戏者分成人数相等的两队，每人发 1 个排球，两队队员分别站在进攻线与端线之间。

（2）组织者发令后，两队队员同时走到网前，鸣笛后，一方队员将球投向对方圈内，另一方防守，投中圈内得 2 分（投中任何一个圈内），投入场内得 1 分。

（3）前两名队员做完后，排在队伍后面，再由下两名队员做，看哪队得分多。

图 3—51—1

 游戏规则

（1）双方队员不准触网。
（2）如守方者防守住（即打出或接住对方投来的球时），得 1 分。

 教学建议

（1）网可适当调整。
（2）可安排 2 人拦网。

第五十二节 抢截球

抢截球是体育游戏的主要项目之一。

 游戏目的

发展和提高反应能力。

 游戏准备

排球场 1 块，排球 1 个。

 见图3-52-1

(1)将游戏者分成两队,每对8~12人,比赛以跳球开始。
(2)得球一方在同队之间连传接10次,而不被抢断,则得1分。
(3)如传球不到10次时而球被断走,则取消已传次数。
(4)抢断球的一方应在同队之间传递,争取得分。
(5)在规定时间内得分多的队获胜。

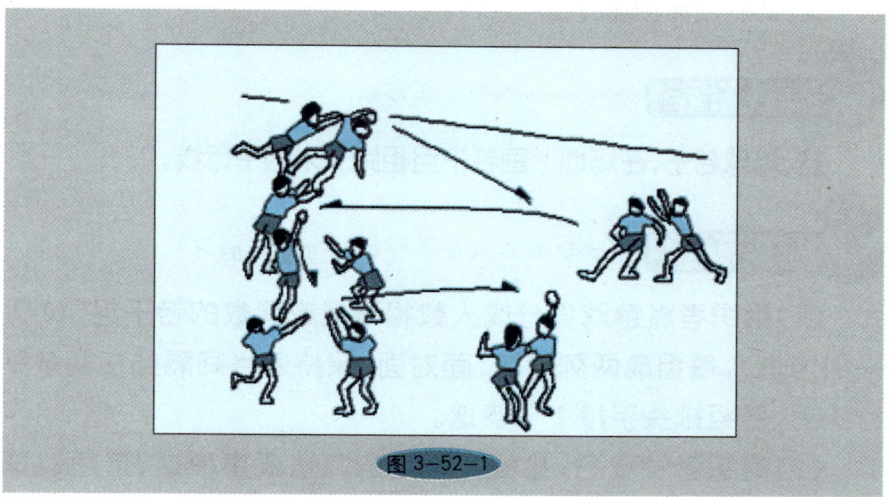

图3-52-1

(1)持球游戏者不得走两步以上,不得运球。
(2)抢断球时不得有犯规动作。
(3)同队之间传球超过10次,而球仍未被断去,可继续得分。

(1)提示游戏者注意正确传球姿势和要领。
(2)也可采用打擂台方式进行。

第五十三节 快速传球

快速传球是体育游戏的主要项目之一。

游戏目的

提高传、接球的速度和准确性。

游戏准备

篮、排球若干,在场地上画若干组相距 3 米的平行线。

游戏方法

见图 3-53-1

(1)组织者将游戏者分成人数相等且成偶数的若干组(10 人一组为宜),每组成两列横队,面对面,保持适当间隔站在两条平行线上,各组排头手持 1 个篮球。

(2)组织者发令后,排头按规定的方法顺序传球,最后以球到排头手中为止,先完成的组获胜。

图 3-53-1

 **游戏规则**

(1)必须按规定的方法传球,传球的顺序和路线不得变更。
(2)传球失误时,必须把球拾起来回到失误的地方继续进行。
(3)传球时,脚不得踩线和越线。

 **教学建议**

(1)此游戏的传球方法、距离,可根据实际情况变换。
(2)此游戏也可改为排球传球方式或足球传球的方式进行。

第五十四节 蛇形跑接力

蛇形跑接力是体育游戏的主要项目之一。

 **游戏目的**

提高速度和快速变向跑的能力。

 **游戏准备**

在起点、终点线每 2 米处插根标志杆,在相距 20～30 米的起点、终点处插 1 根标志旗。

 见图 3-54-1

(1)将游戏者分成人数相等的两队,成纵队站在起跑线后。
(2)发令后,第一个人绕标志杆跑,到终点折返,击本队第二个人的手后到排尾站立,第二个人依前人方法跑,先跑完的队获胜。

图 3-54-1

 游戏规则

（1）绕行跑进中将标志杆碰倒者需自己扶起。
（2）必须绕过各标志杆，经终点标志旗后返回。
（3）击手必须在起点标志旗侧后方进行。

教学建议

（1）可在往返时均绕标志杆跑。
（2）可采用迎面接力进行。
（3）跑进可持棒进行。

第五十五节

你抓我救

你抓我救是体育游戏的主要项目之一。

游戏目的

发展速度、灵敏性和力量。

15～20米正方形场地1块。

见图3-55-1

（1）选出游戏者的1/3做追逐者，其余做被追逐者，在场地内，画直径1.5米的圆圈为禁区。

（2）开始后，追逐者将抓到的被追逐者送到禁区，没被抓到的被追逐者可以避开追逐者去营救禁区里的人，以拍手为准。

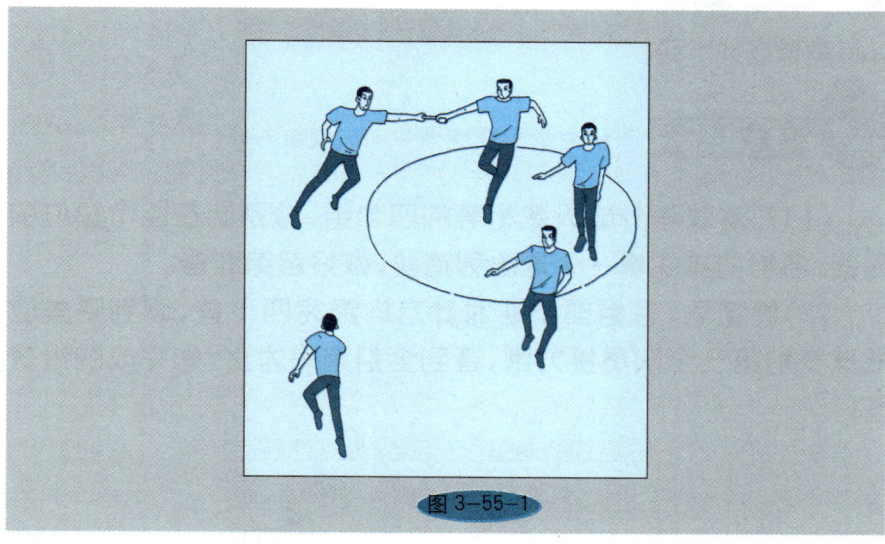

图3-55-1

（1）追逐者用手拍到即为抓到。
（2）禁区内的人不得自行离开。

此游戏可根据场地大小、参加人多少变换方式，如竞走、单足跳等均可。

第五十六节 跑垒接力赛

跑垒接力赛是体育游戏的主要项目之一。

游戏目的

提高快速跑的能力。

游戏准备

垒球场地1块。

游戏方法

见图3-56-1

（1）把游戏者分成人数相等的四个组，分别站在四个垒位的后面，各组的排头拿一个球出列踏垒，做好起跑准备。

（2）鸣笛后，各组都按逆时针方向跑完四个垒，回到原垒位把球交给第二个队员接力跑，直到全组跑完为止，先完成的组获胜。

图3-56-1

（1）跑垒时，应用脚踏上所经过的垒位，不得漏踏。

（2）没有轮及接力的队员都要站在垒线以外，不得妨碍比赛。

（3）接力用球必须用手递交给接力人员，不得抛掷传递，中途掉球允许捡起来继续比赛。

教学建议

场地可随意变化，传递物也不仅限于垒球。

第五十七节 蛇战

蛇战是体育游戏的主要项目之一。

游戏目的

发展灵敏素质。

游戏准备

根据游戏者的人数，平均分成几个组，使每组人数为 5~10 人。

游戏方法
见图 3—57—1

（1）每组站成一排，后面的人抱住前面人的腰，组成一个整体。

（2）游戏开始的命令下达后，各组之间相互混战，如有一组排头抓到另一组排尾时，被抓到的一组立刻淘汰出局。最后，没有被抓到尾巴的一组，即是优胜者。

图 3-57-1

（1）被抓尾巴时，则淘汰出局。
（2）蛇腰脱节时，排头抓到另一组排尾无效。

（1）各组之间，可用擂台赛的形式进行较量。
（2）可以画线限定游戏场地。

第五十八节

看谁得分多

看谁得分多是体育游戏的主要项目之一。

提高投掷的准确性和弹跳力。

沙包 1 个。

见图 3—58—1

（1）游戏者站成一路纵队在起跑线后，先将沙包投向标有数字的格内。

（2）然后用规定的跳跃方式逐格跳到沙包落的数字格内，捡起沙包后再逐格跳回，以沙包所落格的分数记分。

（3）下一人继续做，反复轮流，积分多者获胜。

图 3—58—1

 **游戏规则**

(1)沙包没投中数字格或跳时踏线为失败。
(2)沙包压线则以较小的数为得分数。
(3)每格内,脚只准落地一次。

 **教学建议**

(1)每格之间可用小棍架设高度障碍,增加游戏难度。
(2)跳的格数,格的大小和障碍高度等,以游戏者的能力和跳跃方式来定。
(3)可安排分组进行比赛。

第五十九节 攻碉堡

攻碉堡是体育游戏的主要项目之一。

 **游戏目的**

提高投掷能力及灵活性。

 **游戏准备**

标杆若干根,排球2个,在场地上画1米和8米为直径的同心圆2个。

 **游戏方法** 见图3—59—1

(1)将游戏者分成人数相等的两队,分别站在两个大圆外,每队派

3人到另一队圆内做"碉堡"的守卫者。

（2）当组织者发出"开始"的口令后，站在圈外的人用排球向"碉堡"打击，守卫者千方百计将球挡住，不让球打着"碉堡"。

（3）攻打者可相互传球以调动守卫者，先打倒"碉堡"者获胜，然后再重新更换守卫者继续进行，采用三打二胜，也可五打三胜。

图 3-59-1

（1）投掷者不得踏入大圈内，踏入者取消资格。

（2）防守者不得踏入小圈内，踏入者取消资格（或两人守卫）。

（3）到3分钟时还未决定胜负为平局，重新更换守卫者。

（1）注意安全，不得故意用球打人。

（2）投球的方法可根据实际情况和游戏者而定。

攻碉堡

第六十节 冲过封锁区

冲过封锁区是体育游戏的主要项目之一。

游戏目的

发展投掷、奔跑和躲闪的能力。

游戏准备

球场1块,球若干。

游戏方法

见图3-60-1

(1)游戏者按人数平均分为甲、乙两队,甲队分两组站在两边线外,每人手持一球,以整个球场为"封锁区"。

(2)乙队站在球场端线外,当听到组织者发出"冲锋"信号后,以快速跑跳和躲闪动作冲过"封锁区",到对面端线以外。

(3)看有多少人被球击中,双方交换进行,被击中少的队获胜。

图3-60-1

（1）投掷人不得踏线，不得进区掷球。

（2）掷球只限击腰部以下部位。

（1）"封锁区"的界限可根据游戏对象的不同做适当调整。

（2）在游戏过程中，注意指出某些危险动作。

第六十一节　击球

击球是体育游戏的主要项目之一。

发展投掷力量。

实心球 2～4 个，排球或略轻的实心球每人 1 个，在排球场地沿边线方向画 3 条线，中间的为中线，两边的为限制线。

见图 3-61-1

（1）将游戏者分成人数相等的两队，每人持排球或实心球 1 个。

（2）将重量略大的实心球放于中线上，发出口令后，每人用手中的球向中线的实心球投出。

（3）将实心球击到对方限制线外为获胜。

基本技术

图 3-61-1

 游戏规则

投掷者不准过线击球。

 教学建议

可采用各种掷球方式。